U0581775

时间的味道

Scent of Time :
A Philosophical Essay about the Art of Lingering

［德］韩炳哲

——著

包向飞　徐基太

——译

重庆大学
出版社

Contents　目　录

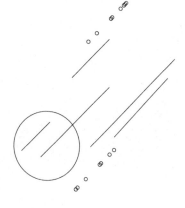

篇首语

韩炳哲
BYUNG-CHUL HAN

当今的时间危机并不是加速，加速的时代业已过去。现如今，我们所感受到的作为加速的那种东西，只是时间消散的诸种症状之一。当今的时间危机归根于一种不良时间，这种不良时间导致不同的时间上的紊乱和不适感。时间缺乏一种秩序化的韵律。由此，时间脱离了节奏。不良时间使得时间好像在忙乱飞驰。生命加速的感觉，实际上是对没有方向地飞驰的时间的一种感受。

不良时间并不是强制加速的结果。造成不良时间的，首先是时间的原子化。时间较之以往更急速地消逝的感觉也归结于此。基于时间的消散，不可能有任何持续的经验。没有什么东西可以放缓时间。生命再也不能被置入秩序的构造物之中，或者说能够创造一种持续性的坐标之中。事物也是瞬息即逝的和短暂的，人将自身认同于这样的事物。因而，人自身在根本上就成了短暂易逝的。生命的原子化和一种原子性的自身认同[1]携手前行。人拥有的只是其自身——这个微小的我。人在空间和时间上都在彻底地缩减，在世界上、在共在[2]上也都是如此。世界贫乏是一种不良时间的现象。它使得人类萎缩到他狭小的躯体上，而对于这个躯体，人类试图用一切手段使之保持健康。除此之外，人的确一无所有。他那脆弱的躯体的健康取代了

1　这里还可以引申为身份意识。——译者注

2　德文 Mitsein，是海德格尔哲学中的重要术语，通译为"共在"，具有与"他人"共同在存在（Sein）的基础上生存之意，是此在自身的一个存在论结构，此在通过与他人共在领会、构成自己的存在。——译者注

世界和上帝。没有任何事物比死亡更长久。因而，死亡在今天对于一个人来说尤为困难。人未及年老就老化了。

面前的这本书历史性和系统性地探寻那不良时间的诸多症状和起因。同时，也反思了康复的可能性。在此，虽然异质时间和统一时间也是要被寻访的，但并不局限于探查并复原持续状态的那些非同一般的、超出日常的位置。更多的是要借助于一种历史性的回视，以期这一必然性被注意到：生命乃至日常生活都必须采取另一种形式，由此，那一时间危机就得以避免。叙事的时代不再被缅怀。叙事的终结、历史的终结并不必然带来一种时间上的空洞，它更多的是打开一种生命时间的可能性，生命时间无需神学和目的论也能运行，因为它拥有的是一种自身的芳香。但生命时间预设是一种凝思的生命的恢复。

如今的时间危机也关联着积极的生命之绝对地位

的确立。后者导致了一种劳动命令，这一命令使人退降为劳动动物。日常的过度活动夺去人类生命的每一凝思的元素、每一种逗留的能力，它导致世界和时间的丧失。那些所谓的放缓策略并不能消除这一时间危机，它们甚至会遮掩真正的问题。必须恢复凝思的生命。只有在凝思的生命恢复的时刻，时间危机才能被克服。时间危机也只有在此契机中才能被克服，在此刻，积极的生命于它的危机里重生又在自身之中接纳了凝思的生命。

非-时间

……在踌躇的时域里……

存在一些持久的东西。

——弗里德里希·荷尔德林

　　尼采的"末等人"[1]具有惊人的现实意义。现在"健康"被提升到绝对的价值地位，达到了一种宗教的高度。末等人倒还是"尊崇"这种健康，此外他还是享乐主义者。因而他"有他那白天的小趣味，和他那夜间的小趣味"。感知和企慕退让给乐趣和享受。"'什么是爱，什么是创造，什么是企慕，什么是星辰。'——末等人如此问道，眨了眨眼睛。"长久的、健康的、波澜不惊的生命最终于他变得无法忍受了。于是他吸食毒品，最终死于毒品："时不时地来一点儿毒品，这可以让睡梦舒适。最后就是很多的毒品，这样可以死得舒服。"吊诡的是，他的生命——他试图以一种严格的健康策略而使之无限延长——却被提前终结。他结束于非时间中，而不是死去。

　　谁都无法在适当的时间死去，必然于非时间之中

1　弗里德里希·尼采：《查拉图斯特拉如是说》考证版全集第六册，第一卷，柏林，1968 年，第 14 页。

结束。死去预设了这一点，即生命特意地被了结。也就是说它是一种完结形式。如果生命被夺去每一种有意义的完结形式，那么它就被不成熟地终结。在这样一个世界之中，死去是困难的，在此之中完结和了结退让给了一种无终点的、无方向的延续，退让给了一种永远的未完成和新起点。生命在这样的一个世界里并不将自身了结为一种构成了的形象、一个整体。这样生命就折入非时间当中。

现如今加速的原因同样存在于那种普遍的对不能结束和不能了结的无能。时间向前冲撞，因为它不在任何地方去结束和了结，因为它不被任何时间上的重力所持拿。加速因此成为一种对时间堤坝决口的表达。已没有任何堤坝能调节、分理时间河流，或者给时间以节奏。通过给时间一个支点，一个在其美妙的双重意义上的支点，从而使能够持拿并放缓时间的堤坝也已不存在。在时间失去每一种节奏的地方，在它消逝于无支点、无方向的敞开之中的时候，每一真正的和完好的时间也都随之消失。

面对这种结束于非时间的情况，查拉图斯特拉引唤另外一种完全不同的死亡方式："很多人死得太晚，有一些人死得太早。这一教导听起来还是有些陌生：'适时地死去！'因此，查拉图斯特拉如是教导——适时地死去。当然，那种从未适时地生存的人，他怎会适时地死去呢？"[1] 人类已然丢掉了那种对合适时间的理解。合适时间让位于非时间。死亡也像一个小偷跑到非时间那儿："你们那咧嘴而笑的死亡在斗争者那里，一如在胜利者那里一样，是被人厌恶的——死亡像小偷一样偷偷摸摸地到来——却是作为主宰者的到来。"不可能有任何一种特意地将死亡包容进生命的向死的自由。尼采设想出一种"完成性的死亡"，

---

1 弗里德里希·尼采：《查拉图斯特拉如是说》考证版全集第六册，第一卷，柏林，1968 年，第 89 页。

这种死亡并非是结束于非时间，而是积极地塑造着生命自身。查拉图斯特拉面向那些具有长久生命的、走钢丝的杂技艺人讲演他那自由的死亡教理："我向你们展示一种完成性的死亡，这一死亡在活着的人那里成为一种激励和一种誓愿。"海德格尔的"为着死亡而自由地存在"也别无他意。死亡以此摆脱它的非时间性：它作为一种塑型的、完成性的力量而被接入现时之中，接入生命之中。[1] 不论是尼采的"自由的、完成性的死亡"，还是海德格尔的"向死的自由"都归结于一种时间上的重力，这种重力促成如下这一点：现时合拢或环抱过去和将来。时间的张力将现时从其无终点的、无方向的延续中释放出来，并载之以重要性。只有在一个处于指向性的时间性张力关系内部，

1　请比较海德格尔的《存在与时间》，图宾根，1993 年，第 384 页中的这句话："只有为着死亡而自由的存在才全然给予此在以目标，并将生存推进它的有终性里。在自满、轻慢、开溜这些自行给予的、切近的可能性之无限多样性当中，生存的那一被把握到的有终性从此中抽回并将此在带进他那命运的纯真之中。"

真正的时间或者真正的时间点才得以形成。在一种被原子化的时间里情况则相反，诸时间点彼此相似，无一物使得一个时间点突出于其他时间点。时间的崩塌打散了去结束的死亡。生命作为一种无方向的延续性时，死亡为它设立一个终点，确切地说，一个导向非时间的终点。由于这个缘故，现如今死亡对一个人来说尤其困难。尼采和海德格尔也都转向反抗时间的崩塌，这一崩塌使正在结束的死亡去时间化 [1] 到非时间之中："谁有一个目标和一个继承者，谁就想为着目标和继承者而死于合适的时间。并且出于对目标和继承者的敬畏，在生命的神圣领域内他将不会挂起任何干枯的花环。真的，我不愿像那些走钢丝的杂技艺人一样——他们拉伸着自己的绳索 [2]，而与此同时自己却

1　即自我剥离时间意义的存在方式。——译者注

2　指作为绳索延伸着的生命。——译者注

总是回退。"[1]

　　尼采着力引唤"继承者"和"目标"。显然他没有意识到上帝死亡的全部效果。历史的终结，确切地说，"继承者"和"目标"的终结最终也从属于上帝之死的后果。上帝就像一个时间稳定器一样发挥作用，他促成一种持续的、永恒的现时。因而上帝的死亡也使时间本身散点化，它夺去时间上的每一种目的论的、神学的以及历史性的张力。现时皱缩成为一个瞬息即逝的时间点。继承者和目标从中消失掉了。现时不再随身带有任何过去和将来的尾迹。上帝死了之后，鉴于历史之临近着的终结，尼采艰难地去尝试重新恢复时间的张力。"相似事情的永恒归复"这一观念不单单是一种"命运之爱"的表达，它更是一种尝试，即要去恢复命运——命运时间——的地位。

1　弗里德里希·尼采：《查拉图斯特拉如是说》。出处同上，第89页。

海德格尔的"常人"[1]是尼采的"末等人"的继续。海德格尔归之于"常人"的诸种属性，毫无疑问也对末等人有效。尼采以如下的方式刻画末等人："每一个人都想要这种等同，每一个人都是相同的——谁的感觉不一样，谁就自愿进入精神病院。"海德格尔那里的"常人"也是一种时间现象。与时间的崩塌伴随而来的是一种不断增长的大众化和均匀性。常人——亦即大众——的畅快的运行阻碍本真的生存，而本真的生存在强调的意义上即为个体。生命进程的加速阻止那些异常形式逐渐产生，阻止诸事物有分别，阻止它们发展出一些独立自主的形式。为此，缺少的是成熟的时间。就这一方面而言，尼采的"末等人"与海德格尔的"常人"几无差别。

---

1 请比较海德格尔的《存在与时间》，图宾根，1993 年，第 126 页及以下："在用公共交通工具的过程中，在使用通信事物（报纸）的过程中，每一个他者就像那一个他者一样……我们享受着、消遣着，就像常人一样享受着；我们活着、观察、就文学和艺术作判断，就像常人一样观察和判断。"下文出现的海德格尔《存在与时间》出处均同此处。

时间崩塌成单纯的点状现时顺次更替。针对这种状况，海德格尔也引唤出"遗留物"和"传承"。所有的"美德"都是"遗留物"[1]。"原本的生存"预设着"一种对遗物的继承"。这一生存是"重复"，这种重复"应答那已然存有的生存可能性"[2]。"遗留物"和"传承"是要去促成一种历史的连续性。面对"新事物"的快速顺次更替，"老旧的东西"被引唤着。海德格尔的《存在与时间》是一种尝试，面对迫近的历史终结重新确立起历史，确切地说是以一种空洞的形式确立起历史，因而是这样一种历史，它没有内容，而只宣告其历史时间上的造型力。

现如今受限于时间的事物较之过去陈旧得更快了。它们迅速地成为逝去了的东西，因而脱离人们的注意力。现时缩减成现实性之尖，也就不再持续下去

1　海德格尔：《存在与时间》，第 383 页。

2　海德格尔：《存在与时间》，第 386 页。

了。面对点状的、无历史性的现时之统治地位，海德格尔当然要要求一种"现在的去现时化"[1]。现时的收缩或者说持续性的消逝，其原因并不像人们错误地相信的那样，是加速[2]。加速与失去持续性之间的关系是相当复杂的。时间像雪崩一样溃崩开来，因为它在自身中再无任何支撑。那些彼此间不存在任何时间性引力的现时点，引发出时间的拽离，即对诸过程无目的的加速。然而，这一加速由于缺乏方向绝非是真正的加速，因为加速在原本意义上以定向的流动轨迹为前提。

真理自身是一种时间现象。它是持续的、永恒的现时之反照。时间的拽离，收缩的、流逝性的现时把真理挖空了。经验也立足于一种时间性的延展，立足

1　海德格尔：《存在与时间》，第391页。

2　H. 罗莎在其专著中追从这一简单的图式：《加速：现代性之中诸时间结构的变化》，法兰克福，美因河畔，2005年。下文出现的 H. 罗莎的《加速：现代性之中诸时间结构的变化》出处均同此处。

于时间视域的一种交叠。对于经验的主体而言，过去的并非是简单地消失掉了或者被丢弃了。相反，过去对于现时、对于自明性，是起决定性作用的。离开并没有使得过去之在场薄弱化。离开甚至深化了在场。分离开来的并不是完全从经验的现时中切断出去。相反，它与现时交叠着。并且经验的主体必须使自身对于将来的来到，也就是说，对于将来令人惊奇的和无把握的事物，处于敞开着的状态。不然的话，经验的主体就僵化成一个只是消磨时间的工人。该工人自身没有变化。变化会使得劳动进程失去稳定性。与之相反，经验的主体则从未等同于自身，他居住在过去和将来之间的过渡上。经验包含着宽广的时间区域。与点状的无时间性的体验相对，经验是极其富于时间性的。认知也正如经验那样富于时间性。认知不仅从过去，也从将来抽取它的力量。在这样一种时间视域的交叠中认识才浓缩成认知。这种时间上的浓缩也使认知区别于信息，信息在个人的感知中仿佛就是空无时间的或者说没有时间的。中立性的信息立足于这种时间上可以让自身被存储起来并被随意检索。如果记忆脱离了事物，那么事物就会成为诸多信息或货物。它们被转进（有被转手倒卖的意思——译者注）一个空无时间的、非历史性的空间里。信息的存储是以记忆的销抹、历史性时间的销抹为先行条件的。在时间崩塌为点状现时之单纯顺次更替的地方，时间也失去每一个辩证张力。辩证法自身是一种深刻的时间发生。辩证运动归因为时间视域的一种复杂的交叠，即已然之未然。那在每一现时中隐含地在场的东西，把现时从其自身中撕离出去并使之运动起来。辩证的推动力产生于一个已然和一个未然、一个过去和一个将来之间的时间张力。处在辩证进程中的现时是富于张力的，然而如今现时缺乏任何张力。

被简化成一些针尖式现实的现时也在行动层面上

提高了非时间性。比如承诺、义务或者忠诚，真正来说，它们是有时间性的实践行为。通过使现时延顺至将来并与之交叠，它们约束着将来。由此它们造就出一种时间上的连续性，这种连续性稳定地起着作用。这使将来免于非时间性的暴力。在一种长期自我约束性的行为——这有可能也是一种结束的形式——屈从于短期性行为的地方，非时间性也抬升起来，该非时间性在心理层面映现为忧虑、不安。增强着的不连续性、时间的原子化摧毁了经验的连续性。世界由此变成了没有时间的世界。

充实时间的相反形态是没有开首和结尾的，并伸展成一种空洞的持续的时间。空洞的持续并不与时间的扯离对立，而是与之毗邻的。它就像是加速了的行为的一种无声形式或是其底片，而那还剩下的时间，如果无事可为或可做时，就是一种空洞行为的时间形式。空洞的持续和时间的扯离都是去时间化的结果。加速了的行为的不安延续到睡眠里。在夜里，那一种不安作为失眠之空洞性持续而继续存在："无眠之夜，折磨人的几个钟头，望不到尽头，在徒劳地忘却空洞持续的努力中黎明被拉伸开来。然而那些无眠的夜晚制造着恐慌，时间在这样的夜里聚合起来，徒然地流过双手……在这样的几个钟头的萎缩之中显露出来的东西是充实时间的反面形态。在这期间，当经验的力量打断了持续的魅力，并把那过去的和未来的事物聚合到现时中去时，持续便在那匆匆忙忙的无眠之夜中酝酿成无法承受的恐惧。"[1] 阿多诺的"匆匆忙忙的无眠之夜"的表达并非是悖论，因为匆忙和空洞的持续是同源的。白天的匆忙统治着空洞形式的夜晚。现在，当每一种支撑、每一个支撑性的重力被夺走时，时间就溃崩掉，无可阻挡地流逝掉。时间的这种拽离，这一不停地流逝着的时间将夜晚转化成一个空洞的持续。受制于空洞的持续，不可能有任何睡眠。

空洞的持续是一种不清不楚的、没有方向性的时

1　阿多诺：《最低限度的道德》，法兰克福，美因河畔，1986 年，第 217 页。

间。在此之中既没有充满意义的事先，也没有充满意义的事后。没有回忆也没有期待。由于时间的这一无终性，人那短促的一生就是一个虚无。死亡是这样一种暴力，它从外部将生命终结于非时间。人提前结束于非时间。当死亡是一种从生命、从生命的时间中产生出来的完结时，便不再会是任何的暴力。只有这一死亡才使得如下一点是可能的——人从自身中度过一生直至终结，并适时地死去。面对糟糕的无终性，只有时间上的完结形式才能创造出一种持续，一种有意义的、充实的时间。最终，睡眠，良好的睡眠也会是完结的一种形式。

普鲁斯特的《追忆似水年华》用如下的话语以一种有代表性的方式作开场白："Longtemps, je me suis couche de bonne heure"（长期以来我都是早早地去睡觉）。德文翻译完全弄丢了"bonne heure"。这是涉及有关时间和幸福（bonheur[1]）的一个更深远的词。Bonne heure，完好的时间，是糟糕的无终性、空洞的因而也是糟糕的持续性之相反形态，在这种糟糕的持续中没有什么睡眠是可能的。时间之断裂，时间之彻底的不连续性——它也不容许有什么回忆——导致了折磨人的失眠状态。小说的开篇几段描述了与此相反的一种令人欢愉的连续性经验。小说描绘着在睡眠之间、入梦与苏醒之间那一种轻飘飘的悠来荡去，那些在惬意流动的回忆画面和感知画面，在过去和现时之间、在确定的秩序和游戏般的混乱之间自由地来来去去。没有什么时间断裂能使得主角陷入一种空洞的持续当中。睡着的人其实可以说是一个时间的游戏者、漫游者，也是时间的统御者："睡着的人在一种自我环绕的圆圈中，使时间点的流动、使年代和世事的秩序紧

1　法语词。——译者注

绷起来。"[1] 虽然有时也会显示出困惑和恼怒。但这些现象最终都不会是毁灭性的。"善良的确定性的天使"总是前来相助："……当我在深夜时分醒来时，我不知道自己身处何地，在最初一刹那我还真的不曾知道自己是谁……不过随后回忆就仿佛从天而降来帮助我，把我从虚无之中拉出来，我自己是不可能从那虚无之中摆脱的；在那一秒之中我穿越了数百年的文明。并且，我的自我就以它的原初面貌从那些煤油灯以及敞开领子的汗衫的一些模糊图画中慢慢地重新构建起来。"[2] 进入耳朵的，不是那些毫不相关的、不知名的外部噪声，或者那种对于失眠、对于空洞的持续而言极具典型性的过于响亮的钟表嘀嗒声，而是有声调的东西。那夜晚的幽暗也像是一个万花筒一样显

1　M.普鲁斯特:《去斯万家那边》，选自《追忆似水年华》，法兰克福，美因河畔，1977年，第11页。下文出现的 M.普鲁斯特 的《去斯万家那边》出处均同此处。

2　M.普鲁斯特:《去斯万家那边》，第12页。

得五彩缤纷、生动活泼："我再一次入睡，然后有时候只有几秒钟的时间就醒了过来，这点时间刚好让我足以听见屋梁上的噼啪声或者对着那幽暗的万花筒睁开眼睛，并且由于这一短暂的、有意识的目光而让我得以舒适地享受睡眠……"[1]

现如今生命进程的加速可以归结为对死亡的恐惧，但这样的观点是错误的。有某种如下的论证："加速，正如实际情况所表明的，为受限制的生命时长问题，更准确地说——世事时间与生命时长在一种世俗文化中的散落问题，展示出一种近便的解答策略，为此，对于诸多世界选择之最大化的充分享受，以及自身天资之最优化发展——还有由此而来的充实生命的理想——变成了成功生命的范式。加倍急速地生活的人，能够加倍地实现诸多的世界可能性，并由此而能

1　M.普鲁斯特：《去斯万家那边》，第10页。

在一生之中同时进行着两种人生；谁能够变得无限快，谁的生命时长就能重新接近潜在的世事时间，或者说诸世界可能性的不受限制的视域——只要他能够在一个独一无二的俗世间的生命时段内实现出极多的生命可能性，并因此而无须再畏惧那作为诸选择之毁灭者的死亡。"[1]加倍急速生活的人，能够尽情享受加倍多的生命选择。生命的加速使生命成倍增长，并使它经此接近于一种充实生命的目标。但这样一种计算却是简单幼稚的。它植根于对充实和单纯的充满的混淆。用集合论的方式无法使充实的生命得到阐明。充实的生命并不是数量巨大的生命可能性的结果。叙事也并非机械性地产生于对诸事件所进行的简单的计数或者一一枚举。更准确地说，叙事以一种特殊的综合为前提——意义正归根于此。对事件的长长的列举并不

1　H.罗莎：《加速：现代性之中诸时间结构的变化》，第474页。

能产生出任何吸引人的叙事。与之相反，一篇非常简短的记叙文则能够挥展出一种极具叙事性的张力。因而一个极其短暂的生命也可以实现一个充实生命的理想。这一加速论点没有认识到这一真正的问题：现如今对于生命而言，有意义地去了结自己的这一可能性已经丢掉了。今天，生命的忙乱和焦虑就是归结于此一点上。人们不停地重新开始，人们走马观花般地穿梭于"生命的诸多可能性"之中，而这正是因为人们不再能够去了结特定的那一个可能性。没有什么历史，没有什么赋予意义的完整性去充实生命。为着生命之最大化的有关生命加速的言论是误导人的。更仔细地去看，加速揭明自身为一种紧张的不安，这种不安使得生命好像是在忙乱地从一种可能性飞向另一种可能性。生命从未达到安定，也就是达到了结。

现如今，有关死亡的更进一步的问题就在于对死亡所进行的一种彻底的个别化或者说原子化，它使得生命变得更为有限。在给予生命以持续性的宽度上，生命所丢失的会越来越多。生命在自身之中几无世界。生命的这一原子化使得它难免一死。生命首要的是这一特别的终了性，[1] 后者引起一种广泛的不安和慌乱。粗略去看，这种焦虑唤起那样一种印象：所有事物都加速起来。但实际上这并不涉及一种真实的生命加速。生命只是变得更为忙乱了，更加漫无头绪、毫无方向性了。由于加速的散漫化这一缘故，时间施展不出任何整齐有序的力量。这样，生命当中就形成不出任何有塑造性的、决定性的事件[2]。生命时长不再通过一些阶段、了结性事件、诸开端和转折性事件而被划分。相反，人们将从一个现时赶向另一个现时。这样人未及年老就老化了。最终人们结束于非时间。正因为如此，现如今死亡较之以往更为困难。

1　"Sterblichkeit"直译为死亡性，或者必死的状态，在此结合生命之有意义的了结这一鹄的，反向意译为终了性，不是去了结，而是被动地终结、完了，不同于主动领悟接受到的"有终性"。——译者注

2　文面意思指生命之中的横剖面、截断面，意指塑造生命样态的一些重大转折性事件。——译者注

没有芳香的时间

上面，在天上再也寻不见一个永生之物……

弗里德里希·荷尔德林

神秘的世界充满意义。诸神正是那些不朽的意义之载体。它们使世界有所意蕴、富有意蕴，使之的确是意义丰富的。它们讲述出诸事物与诸事件是如何关联起来的。那被讲出来的关联创建了意义。从虚无之中讲述创造世界。到处都是神就意味着到处是意义和讲述。世界就像一幅图画一样是可解读的。人们只需让目光来回游弋，即可从那图画中看出意义、看出富有意义的秩序来。万物在一个固定地连接起来的秩序（宇宙）中有其位置，也就是它的意义。一物远离了它的位置，那它就会被挪正。时间整理好事物。时间是秩序。时间是正义。一个人若强制性地挪动那些事物，那么他就会消亡。时间补偿他的消亡，这样时间就再次恢复永恒的秩序。时间是公正的。诸事件处在一个稳定的关联中，一个富有意义的联结之中。没有任何事情可以从中脱离出来。每一个时间都映现出世界那永恒不变的实体。在这里并不会发生导致有效秩序变更的那些活动。在这一个永恒轮回 [1] 的世界之中加速完全没有任何意义。有意义的只是自身的那种永恒反复，就是那曾是之物和永恒真理的再生产。因而史前意义上的人生活在一个永恒的现时之中。

历史世界立足于一些完全不同的前提之上。它并不仅仅像一幅固定的图画摆在那儿，这幅画向观察者揭示出一个永恒的实体、一种不变的秩序。诸事件现在不再是处于一个静止不动的平面之上，而是在一个连续不断的线路上被排布起来。那联结诸事件并由此释放出诸多意义的时间，以线性的方式流逝着。不是那永恒的自身回归，而是这变化的可能性使得时间是有意蕴的。一切都是一个过程，它要么意味着进展，要么意味着衰退。就历史性时间是被定向了的而言，它释放出一种意蕴。时间线路有一种特定的行进方向，

---

1 尼采的术语，意指有关生命自在创生而显发权力意志的轮回秩序。——译者注

一种句法[1]。

历史性时间不认得什么持续性的现时。诸多事物并不是保持于一种不可动摇的秩序之中。时间并非是回溯性的，而是连续不断的；不是重复性的，而是追赶着的。过去和未来彼此漂移开来。不是它们[2]的自身性，而是它们的差异使得时间重要起来，时间是一个变迁、一个过程、一个发展。现时在其自身中并没有什么实体。它只是一个过渡点。没有什么东西实存[3]。一切都在形成着。一切都在改变着。自身的重复避让事件。运动和变更并不造成任何无序，而是造就另外的或说新的秩序。时间的意蕴发轫于未来。以未来为取向就制造出一个向前的时间吸引力，这种吸引力也能以加速的方式起作用。

1　即指构造并且彰显事物意义的规则。——译者注

2　指代前述过去和未来。——译者注

3　否弃实体性存在样态，不是有什么东西存在着，"是个什么"，而是自在活动的、自在生发的纯粹存在现象。粗略地看类似于万物流变的自性观点。——译者注

历史性时间是一个线性时间。不过它却有极其不同的流逝形式或现象形式。[1] 末世论的时间与历史性时间的那种形式出入很大，后者预示着进步。末世论的时间作为最终时间关系到世界末日。末世论者导入时间的终结、历史自身的终结。而一种被抛状态刻画着人与未来的关系。末世论的时间不容许有什么情节和设计。人并不是自由的，他屈从于上帝。他并不将自身筹划进未来之中。他并不筹划他的时间。更确切地说，他是被抛入终结那里，抛入世界和时间那已成定局的终结那里。他不是历史的主体。更多的是上帝在校准[2]。

"革命（Revolution）"这一概念原初也有着完全

1　时间的流逝作为一种自我涌现，等同于一种自在的自我显现，德文现象"Erscheinung"一词的前缀"er"表示出于自身或自身出离，词干"sheinen"表示显明、照耀，合起来意指自身出离性的自我显明。读者可结合参阅海德格尔《存在与时间》第七节有关"现象"一词的存在现象学释义理路。——译者注

2　经历时间的主体只是被动地迎合轮回性时间定则，时间秩序是既定的，只需"校准"人的经验即可。——译者注

不一样的意思。它诚然是一个过程，但它并不脱离回返和重复的视角。起初 *revolution* 意指恒星的运转。被运用到历史上时，它就是指那些在其数量上有限的统治形式以循环往复的形式重复自身。那些在历史进行中所发生的诸多变更，被包纳到一种循环运动之中。规定着历史进程的并非是进步而是重复。此外，人并非是什么自由的历史主体。不是自由而是被抛状态进一步规定着人与时间的关系。不是人在搞革命。人反而像是听命于恒星定律那样委从于革命。时间被那些自然常量打上了印记。时间是事实性[1]。

到了启蒙运动时代，一种特殊表象[2]的历史性时间产生出来。与末世论的时间表象相对，它以一个开放

1　请比较 R. 克斯莱克：《流失了的未来：着眼于诸历史时代的语义学》，法兰克福，美因河畔，1979 年，第 71 页："就好像诸恒星不依赖于尘世间的人类而走着它们的环形轨道，但却仍然影响着甚或决定着人类，（转下页）因此自从 17 世纪以来在政治学意义上的革命概念中也带有那种双重意义：革命的确是以砍掉了参与者的人头的方式而发生，不过每一个涉事者仍旧是……密切地牵连着他们的律法。"

2　原文 Vorstellung 亦有"想象、观念"的通俗意思。——译者注

性的未来为出发点。不是面向终结的存在，而是开启
新程在掌控着它的时间性。它获得了一种意蕴，一种
自身的重量。它并不是无助地奔往那一末日启示录式
的终结点。没有什么事实，没有什么自然常量迫使它
进行圆周性的重复。因而革命获得了一种完全不同的
意义。革命身上不再带有那种恒星式的圆周运动表象。
规定革命的时间性的不是什么圆周性的运行，而是诸
事件的一种线性的、进步着的进程。

　　启蒙运动的时间表象使其自身从被抛状态和事实
性中解放出来。时间不但是去事实化的，而且是去自
然化的。自由现在规定着人与时间的关系。人既不被
抛入时间的终结，也不被抛入诸事物的自然循环。现
在自由的观念、"人类理性之进步"[1]的观念，赋予
历史以生命（灵魂）。时间的主体不再是那校准着的

1　《罗伯斯庇尔作品集》，第六卷，M.布罗瓦肖编著，巴黎，1958年，第495页。

上帝，而是自由的人，人将自身筹划到未来那里去。时间并非是命运，而是筹划。不是被抛状态，而是可操作状态规定着人与未来的关系。是人制造着革命。因而诸如革命化和革命家这些概念就变成可能的了。它们指向可操作性。不过这种可操作性观念破坏了世界的稳定，甚至破坏了时间自身。在相当长的时期内作为在每一方面都起着稳定作用的永恒现时之创立者的那一上帝，逐渐地告离了时间。

可操作的信念已然开动了自然科学中那一肇始于16世纪的引人注目的革新推力。在越来越短的时间间隔之中产生出诸多的技术革新。正如培根的那句"知识就是力量"的名言中所反映出的，世界是可制造出来的信念。政治革命自身关联于工业革命。它们双方都受到同一个信念的鼓舞和推动。1838年为铁路所撰写的一则巴布洛克豪斯词条，以英雄式的口吻把工业革命和政治革命结合起来。铁路被美化成革命的"蒸汽凯旋之车"[1]。

启蒙运动时期的革命是以一种去事实化了的时间为基础的。时间从每一被抛状态、每一自然的或神学的压制中解脱出来了，它就像那一头蒸汽巨物一样挣脱束缚，进入未来——幸福在未来之中被期待着。时间从末世论的时间表象中继承了神学。历史停留为救世史。面对着处在未来之中的目标，现在进程的加速有了意义。罗伯斯庇尔在 1793 年于宪法典礼上如此说道："Les progres de la raison humaine ont prepare cette grande revolution, et cest a vous qu'est specialement impose le devoir de l'accelerer."（人类理性的进步为这场大革命做了准备，且正在你们身上施加那推动它的义务）。[2]

---

1 《时下的谈话百科》，莱比锡，1838 年，词条"铁路"，第一卷，第1136页。

2 引自 R. 克斯莱克：《时间层：对史学所做的一些研究》法兰克福，美因河畔（下文出现此书，出处均同此处），2000 年，第 192 页。

不是上帝，而是自由的人才是时间的主人。人从其被抛状态中解放出来而筹划着将要到来之物。不过这一由上帝到人的政权更迭引起了一些后果。这一更迭破坏了时间的稳定，因为上帝是那样一种权威机构，它赋予统治秩序以绝对有效性，给予它永恒真理的印章。它支持一种持续的现时。而随着政权更迭，时间就丢失了这一面对改变能产生抵抗的支撑。毕希纳的革命戏剧《丹东之死》将这一经验用语言表达出来。卡密勒呼喊出："那些普遍确定的观念，人们将之起名为健康的理性，它们的枯燥令人难以忍受。最幸福的人是能够将自身想象成上帝、圣父、圣子和圣灵的人。"[1]

历史性时间之所以能向前奔去，是因为它不是安止于自身之中，因为它不是在现时之中有其重心。它

1　格奥尔格·毕希纳：《丹东之死》，出自《著作与书信》，慕尼黑，1965年，第58页。

不允许作任何逗留。逗留只会拖延发展着的进程。没有什么持续放缓时间。时间就其去向一个目标而言是充满意义的，于是加速就有了意义。尽管如此，加速并不作为如此这般的加速而被感知到，在时间的重要性基础之上，被注意到的首先是历史的意义。当历史的重要性、意义在时间上消失后，加速才作为如此这般的加速挣脱出来。恰就是在这一契机之中它才特别地成为主题性的或者成为问题的——在此中，时间被拽离到了一种空无意义的未来之中。

　　神话式的时间安定得像一幅图画。历史性时间则与之相对具有一种线路的形式，这一线路通向一个目标或说向其飞奔而去。如果叙事性的或神学的张力在这条线路上消失了，那它就崩塌成诸多无方向性地忙乱飞奔的点。历史的终结将时间原子化成一种点状时间，神话曾退让给历史，那静止的图画变为延伸开来的线路。历史现在臣服于信息，这些信息不具有叙事上的长度或宽度。它们既不是围着一个中心，也不是被定向了的，它们直接向我们身上倒塌而来。历史照亮、分挑、疏导诸多混乱的事件，将这些事件迫入叙事线路的轨道上。如果历史消失，那就会走向一种诸多信息和事件丛生的局面，这些信息和事件无方向性地忙乱飞奔。信息并不散发芳香，在这一点上历史与信息区分开来。与鲍德里亚的论题相反，信息和历史的关系并不像变得愈加完善的模拟和原型或原点之间的关系[1]。更确切地说，信息展现出一个新的范式。在信息当中包含着一种完全不一样的时间性。它是原子化的时间，即一种点状时间现象。

点与点之间必然裂开一种空洞，一种空洞的空隙——在其中没有什么事情发生，没有什么轰动事件

1 请比较让·鲍德里亚：《2000年不会发生》，柏林，1990年，第18页："在立体声响之前的音乐是什么样，我们再也不能听到了……，消息和诸多媒介之前的历史是什么样，我们再也不能想出来了。（音乐的、社群的……）原初的本质，（无意识之物、历史的……）原初的概念消失掉了，因为它们不再能够与其完善模式中相分离……。我们绝不会知晓，历史在其将自身增强为诸多信息之机械性的完善形式以前是什么样的……。"

上演。神话式时间和历史性的时间则与之相反，它们
不让任何空洞得以产生。因为图画和线路没有什么空
隙。它们构造着叙事的连续性。只有诸多的点才能让
诸多的空洞间隙形成。那些空隙——在此之中什么也
没发生——引起了无聊。或者它以危险的方式起着作
用，因为在那些无任何事情发生的地方以及在那些意
向不通往任何事物的地方，就是死亡。点状时间因此
就制造出一种要去消除或消减空洞空隙的强制力。为
了间隙不再长存，就会尝试着让刺激性事件更快地接
替发生。这就会发生剪辑片段 [1] 或事件序列之加速——
它将自身增强到歇斯底里的程度，并且这一加速蔓延
到所有的生活领域。由于缺乏叙事张力，被原子化的
时间就不能够持续性地约束注意力。因此，知觉的内
容始终是新鲜事或者戏剧性变故。点状时间不允许有

1　指世事发生序列中的一个个相对独特的片段性事情，就像电影中的一段胶卷。——译者注

什么凝思性的逗留。

原子化的时间是一种间断性时间。没有什么把诸事件彼此结合起来，并由此建立起一种关联，也即一种持续。于是知觉所碰到的是无法预料到的或者突发性的东西，这造成一种弥漫性的恐惧。原子化，个别化¹，以及间断状态的经验也要对不同的暴力形式负责。现如今那些造就连续性和持续性的社会结构崩塌得越来越厉害了。整个社会遍布着原子化和个别化。诸如承诺、忠诚或者义务这些社会性的实践行为丧失了重要性，它们在如下意义上都是时间性实践，即它们通过联系着未来并将未来框成一个视域而创造出一种持续性。

不只是神话式的时间，历史性时间也具有一种叙事张力。诸事件的一种特殊的相互联结构造着时间的

1　原文 vereinzelung，兼有零散化的意思。——译者注

形式。叙述让时间芳香起来。与之相反，点状时间是一种没有芳香的时间。当时间取得一种持续性的时候，当它获取一种叙事张力或者深层张力的时候，当它在深度和广度上，即在空间上有所增长的时候，它便开始散发芳香。当它被剥去每一个意义结构和深层结构的时候，当它被原子化或者浅薄化、稀释、缩减的时候，它就丧失掉芳香。若是它完全脱离开那支撑着它、缓定着它的东西，那它就无可立足了。一旦从支撑中解脱开来，它就崩塌了。今日谈论甚多的加速，绝非是那种后续性地导出生活世界之各种不同变化的原初过程，而是一种症状，一种次生性的变化过程，也就是那一种时间的一个后果——变得无可立足、被原子化的时间，没有任何缓定着的重力的时间。时间崩塌掉，真实纷至沓来[1]，只为弥补一个重大的存在上的缺陷，

---

1 原文 überstürzt sich，直译有使自身匆忙行动起来，即时间加速流逝以至于目不暇接，看不到自身性。上文崩塌 "fortstürzen" 一词伴随着倒塌而散开的表意亦包含向前奔去、疾驰的意思。——译者注

但它在这一点上并没有取得成功，因为单只加速产生不出来支撑。加速反而让存在上呈现出的缺陷显得更具破坏性。

历史的速度

他的生活被那些刺激性事件

打断成没有什么能将其联结起来的系列。

丹尼·狄德罗

　　现代技术使人远离大地。飞机和宇宙飞船将人拖离开地球的引力。人们越是远离大地，地球就变得越小。人们越是快速地在大地上移动，大地就越加皱缩。大地之上每一距离的消除都一并导致着人类越加远离大地。它因此使人疏离了大地。网络和电子邮件使地理学甚至是大地本身消失掉了。电邮并不携带任何指明它是从哪里发出来的标识，它是没有空间的。现代技术使人的生活去土地化。海德格尔的"土生土长"哲学是一种尝试，要使人重新土地化、再事实化。

　　让·鲍德里亚以这样一幅身体图景来阐明历史的终结，即身体凭借加速而使自身摆脱大地引力："根据这幅图景，人们可以想象：现代、技术以及诸事件和媒介的加速，还有所有经济的、政治的和性交易的加速使我们置身于那样一种解放速度之中——我们已飞出了实际和历史的关联空间。"[1] 依据鲍德里亚的看法，一种"特定的缓慢"是必要的，诸事件由此凝固或浓缩成为历史。鲍德里亚的自身加速着的身体图景引出了这一结论：正是加速造成了历史的终结，它是威胁性的意义流失之缘由。在加速的吸引力之下——按照一种"启发性的"假设应该是这样的——从给予意义的关联空间中被抛离出来并瓦解成碎片的诸事物，变成诸多被单独地孤立起来的实在微粒，而这些微粒随后在意义空无的空间忙乱地飞奔着。一种巨大的动能——其起源尚不明确——将诸事物从它们的运转轨道也即它们的意义关联中拖开："在这一将身体保持在它的运转轨道之上的引力效度范围以外，所有意义原子都在宇宙中消失了。每一个原子都遵循它的轨道直至进入无限并消逝于宇宙当中。这一点正是我们

1　让·鲍德里亚：《诸事件终结的假象或者诸事件的罢工》，柏林，1994年，第9页。

在我们当下的诸社会中所体验到的。社会致力于达到如下这一点：使所有的身体、信息和过程加速进入所有可能的方向中去……每一个政治、历史或者文化上的事实都被加上一种动能，这种动能将它们从自己的空间中拖出来并甩入一种超脱空间[1]中去，在那里它们丧失任何一种意义……"[2]诸多原子的这种图像——原子们在加速的吸引力之下被甩出到所有可能的方向之中，并由此而脱离那拢摄着它们的意义关联——并非是完全正确的。它提示出加速和意义流失之间的一种片面的因果关联。诚然这一点是无可置疑的：在加速与意义流失之间有一种可能的相互作用。但"微粒加速器"这一假设却是有问题的：这加速器"摧毁了

---

1 原文 Hyperaum 一词的前缀"hyper"有"über（在……之上）""überhinaus（超出……之外）""übermässig（过量、超量、过度）"几层意思，此处是想表达出脱离意义之彰显区域而进入没有本己性的坏的无限延伸的空间，事物之成为自身的自我限定性实存区域被否弃，彻底瓦解为空虚的、超越地放开来的空间。简言之即是那一种脱离本己的超越性空洞空间。此处不涉及佛学涅槃超脱的深意。——译者注

2 让·鲍德里亚：《诸事件终结的假象或者诸事件的罢工》，柏林，1994 年，第 10 页。

那一轨道——诸事物在这上面彼此间具有一种特定的关联"。

　　加速并非是意义消失之唯一可能的解释。可以设想出另外一种完全不同的情形。将诸事物保持于它们的固定运转轨道之上的那一地球引力逐渐地消失掉了。从它们的意义关联中摆脱出来的诸事物开始无方向性地飘荡或者忙乱地飞奔起来。这一情形从外面看起来可能是这个样子：诸事物好像是借助于加速而使自身从地球引力中摆脱出来的。但实际上它们是由于意义引力的缺失而脱离了大地并彼此疏离开。"诸意义原子"的说法也是误导人的，因为意义并不是原子状的。从原子中产生出来的只能是无意义的力量。正是由于地心引力的缺失，诸事物才个别化为诸多意义空洞的原子。事物不再被保持于那一运转轨道上——后者将它们夹进一种意义关联中。于是它们就溃崩成诸多原子并在那无意义的"超脱空间"中忙乱地飞奔

着。这里出现的意义流失并不是由于那种将诸事物从
"实在与历史的关系域"中甩脱出来的"解放速度"，
而正是由于那未到场的或是虚弱的引力导致的。缺失
的引力产生出存在的一种新状况、新局面，当今的各
种不同现象都可以回溯到这上面。加速只是这其中之
一 [1]。诸事物运转轨道的消失——这种轨道赋予它们以
一种方向，也即一种意义——也可被用来解释与加速
相对立的现象，即诸事物的停滞状态。鲍德里亚自己
的确是注意到了这一点，即不只是加速，迟缓也可能
会导向历史的终结："物料（Materie）拖延了时间
的流逝。更确切地说，时间似乎是在一个密度很大的
身体表面上更为迟缓地流逝着。……这块物质，迟缓
的社会性物料，绝非产生于过少的交流、信息、沟通；
相反，它产生于过多的传达场合 [2]，产生于对诸多信

---

1 意指加速只是立足于这新状况、新局面之上的众多现象之一。——译者注

2 意指众多的二手信息传播载体，包含媒介的意思。——译者注

息的过饱吸收等。它产生于高度密集化了的城市与集
市、信息通告与流通循环。它是社会中的冰冷恒星，
在这块物质的周围历史冷却了下来……最终它会停滞
下来并逐渐消失，就像光线和时间触及无限紧密的物
质[1]时所发生的那样……"[2]在这里，鲍德里亚再次将历
史的终结关联于速度问题。不仅是一种过高的社会与
经济循环速度会导致历史消失，过低的速度也会如此。
历史或者意义生产依此而预设出交换过程的一种特定
速度。交换过程既不允许太快也不允许太慢。过高的
速度打散了意义；相反，过低的速度则会形成堵死任
何活动的壅塞。

　　但是，面对着社会、经济交换过程的诸多速度变
化，历史实际上并没有什么特别的灵敏性。单就速度
而言，它对历史性的意义生产并没有那么大的影响。

1　指"黑洞"。——译者注

2　让·鲍德里亚：《2000年不会发生》，柏林，1994年，第11、12页。

更确切地说，是不稳定的运转轨道，是消失的引力本身造成了时间上的诸多混乱或者动荡。从属于这些后果的不只是加速，还有减慢。诸事物加快起来，这是由于它们没有什么支撑，没有什么东西把它们保持在一种稳定的运转轨道上。运转轨道的特殊性在于它起着选择性的效用；只有特定的一些事物能被它掌控住，因为它是狭窄的。倘若历史的这一叙事轨道完全溃崩了，也就会出现诸事件和信息的一种大众化[1]。一切就都拥挤到现时之中。这样在现时中就会形成诸多起着减慢效用的淤积。这淤积可绝非什么加速效应。正是那选择性的轨道的消失，造成了诸事件和信息的一种大众化。鲍德里亚虽然认识到历史的终结不只与加速有关，也与减慢相关，但他让速度直接承担起意义流失的责任。这一点不只是被他，也被很多其他人所

1　这意味着失去真实实存的个性特质，被抹平了自身的实存意义。——译者注

忽略：加速和减慢表示的是同一种深层过程的不同现象。"社会的加速和社会[1]的僵化，这两种显得矛盾的时间症状，在这里只有初看起来才是对立的。在那个令人记忆深刻的飞矢不动的譬喻中……它们很清楚明了地被聚合为一种后历史症状，事件历史的疾驰引出了……停滞。"[2]但是，这种以为停滞状态也是那普遍加速的后果的假想是错误的，因为照这种可疑的论点来看，减慢和停滞意味着"加速过程自身的一种内在要素和一种本有的补充性原则"[3]。在这里设定"一种从加速和运动转变成僵化和停滞的一种转变辩证法"[4]是错误的。停滞并非像错误地所假定的那样，

1 原文中前一个"社会的"一词，是借自拉丁语系的外来词，后一个"社会的"属于德语自有的词汇，两者同出于 18 世纪，并且语义差别不大，都包含着交往的动词性词根，并可互通解释。这里可能只是涉及行文措辞上避免自相对立的一种表达策略，以示上文提到的加速和减慢二者的并列关系。——译者注

2 H. 罗萨：《加速：现代性之中诸时间结构的变化》，第 41 页。

3 H. 罗萨：《加速：现代性之中诸时间结构的变化》，第 153 页。

4 H. 罗萨：《加速：现代性之中诸时间结构的变化》，第 479 页。

可追溯到那一情形之中，即一切都要同时奔跑起来，一切摇杆都同时被摇动起来。停滞不是什么加速过程的"背面"[1]。它的起因不在于活动和行动的加速之中，而正在于它们的不再知晓向何处去。正是这一无方向性导致了那两种初看起来是对立的现象：加速和停滞。它们是一枚奖章的两面。

普遍的去时间化导致如下这一点：诸多时间上的构成着意义的阶段：终了、开端以及转折，都消失掉了。由于缺失着时间上强有力的区分，这种感觉也产生出来了，即时间较之以往流逝得更快了。这种感觉被以如下方式强化了，诸事件一个接一个地快速替换着，事件并没有被铭刻下来，没有成为经验。诸事物由于缺失的引力之故，就只好被草率地[2]抹去了。没

---

1 请比较 H. 罗莎:《加速：现代性之中诸时间结构的变化》，第 87 页："诸多的停滞的经验看起来不只是与自身增强的改变和行动速度之感觉同时出现，而且还完全就是作为它们的背面之补充性经验。"

2 原文 flüchtig，亦有短暂易逝地、快速地这样的含义。——译者注

有什么落入引力当中。没有什么东西产生深刻影响。没有什么是终极有效的。任何剪辑片段都产生不出来。如果说决定什么是有意义的不再是可能的，那么一切就都丧失了意义。基于等值连接可能性，亦即诸多的可能方向之过量这一缘故，诸事物很少被带向终了。终了预设出一种被划分了的、有组织的时间。与之相反，在一种开放性的、无终止的进程内没有什么走到终了。未完成性变成持续性状态。

　　加速的诸多理论是成问题的，它们把加速解释成现代性的主要推动力。它们猜想到处存在着一种速度的提升。它们相信，在现代性文学中也能注意到一种不断增长的速度，这种加速在结构层面上作为被提升起来的叙事节拍而得以被表达出来："时间随着小说的进展流逝得越来越快，以至于同等数目的页面，在书的开头仅仅有数小时叙述过的时间。随后就是数天的时间，最终所论述的是数周的时间，如此一来在作品的末尾处，数月、数年的时间在寥寥几页纸上挤在一起。"[1] 叙事速度的逐渐加快源于一种局部性的、片面的感知，因为它与一种叙事节奏之减慢悖论性地相随而来，这种叙事节拍近乎停滞。加速与减慢在叙事的去时间化上有其共同的根源。它们是同一过程的不同显征[2]。焦点聚集到加速上甚至遮掩这一过程，因为它也在停滞和减慢的形式中得到表现。

由于去时间化这一缘故，没有什么叙事上的进展发生。叙述者在每一个细枝末节的、不重要的事件上都长时间地停留，因为他不能够将重要的与不重要的加以区分。叙事预设着区别和挑取。米歇尔·布托尔的小说《时间表》导演出这一叙事危机，这一危机也是一种时间危机。叙述的减慢可追溯到这一点上，即叙述者没有能力通过构成着意义的剪辑片段和阶段来

1　H. 罗莎：《加速：现代性之中诸时间结构的变化》，第 78 页。

2　原文 Manifestation，亦包含有病症、症候的意思。——译者注

划分历史。由于缺乏那种起着选择性效用的叙事轨道，叙事者无法决定什么是重要的。叙述完全失去了节奏。叙事的迟缓性和仓促性两者都是缺乏叙事性张力的症状[1]。叙述找寻不到任何可以让缓慢与加速进行一种和谐变换的韵律，叙事上的韵律预设着一种作为整体的时间。时间的消散让诸多事件的任何集聚、任何聚合都无法进入一种自成一体的整体之中，这就导致了时间上的诸多跳跃和动荡。那些不加整理的堆积着的事件不仅引起了叙述速度的提升还引起了它的减慢。当它们拥挤到现时中去时，叙事就会没有支撑地跌撞开来。与之相反，若是它们在普遍的无区别中渐渐地模糊起来，叙事就会显得步调笨重。由于对那一堆东西的统御者的空缺，叙事就失去了每一个定位并完全脱离了节奏。叙事的加速还有叙事的减慢都可追溯到

---

1 请比较 Jochen Mecke：《小说时代：当代法国小说的诸时间形式和解构》，图宾根，1990 年。

这一空缺着的节奏上去。

去时间化使一切叙事张力都消失掉了。叙述过的时间崩溃成一种单纯的诸多事件的时间列表。这是被列举出来而非被讲述出来的。诸事件没有将自身密集成一幅内在连贯的图画。叙事上综合，亦即时间上综合的这一无能，引发出一种自身认同危机[1]。叙述者无法将诸事件围绕自身聚合起来。时间的消散摧毁了一种集聚。这么一来叙述者就找不到任何一种稳定的自身认同[2]。时间危机是一种自身认同危机。由于缺乏着叙事性张力弧度，不可能去富有意义地了结讲述。叙述从一个事件到另一个事件没完没了地晃荡着[3]，然而却没有进展，没有到达。它只能被陡然地打断。

---

1 原文 Identitätskrise，可直译为逻辑层面上的同一性危机，在这里也包含着身份危机的引申义。译者结合叙事者表达生存经历的这一语境采取意译，这样也契合篇首语中的翻译语境。作者在本书中并不侧重于讨论干巴巴的逻辑问题，而是现实活生生的生存体悟上的问题。——译者注

2 正是由于叙事者在叙事过程中找不到任何自我认同的统御性立足点或支撑点，使得诸生存事件成为散列性的事实系列而非围绕自身发生出来的自我经历整体。——译者注

3 指代讲述。——译者注

打断到非时间，代替了充满意义的了结。在《时间表》中，一次出行帮到了忙[1]。叙述中断于非时间："……而且我未曾有过一次有时间去注意到，我越是远离你，布雷斯通，处在濒死挣扎中的布雷斯通，那个我煽动起它的狂热的城市，在 2 月 29 日晚所上演的事情将越来越多地从我的记忆中消失掉；当那巨大的指针到达了垂直状态时，当我的出行现在结束了最后一程时，我未曾注意到，关联于 2 月 29 日的事情对于我来说显得如此重要。"[2]

1　作者是说小说所描述的航行经历可用来解释非时间的出现。——译者注

2　米歇·布托尔:《时间表》，由 H.Scheffel 译自法文，慕尼黑，1960 年，第 349 页。

从踏步行进的时代
到忙乱飞奔的时代

谁曾教人类飞翔，

谁就挪走了一切界碑；

所有的界碑在他那里飞向空中，

他重新为大地起名为 ——

"那轻盈的"。

弗里德里希·尼采

照齐格蒙特·鲍曼看来，现代人是一个漫步穿越着荒漠世界的朝圣者。同时，他赋予那无形式的以有形，赋予那间断性的以连续性，并从碎片中建立起整体。[1]

现代的朝圣者践行一种"活到计划中去"的生活。他的世界是"被定向了的"[2]。鲍曼的"朝圣者"这一表达并非完全符合现代人，因为异乡人[3]在这个世界上感觉很陌生。这儿不是他的家。因此他就总是在去别地儿的路途中。在现代性之中，消失掉的正是这里与那里的这一区分。现代人往前奔行，不是去到另一个地方，而是去一个更好的或另外的此地。相反，

---

[1] 齐格蒙特·鲍曼：《闲散人、赌徒和旅行人：后现代生活形式短论》，汉堡，1997 年，第 140 页。下文出现的齐格蒙特·鲍曼的《闲散人、赌徒和旅行人：后现代生活形式短论》出处均同此处。

[2] 齐格蒙特·鲍曼：《闲散人、赌徒和旅行人：后现代生活形式短论》，第 142 页。

[3] 作者在此引用一个拉丁语词"Peregrinus"，该词在早期罗马帝国时期用以指称一个自由的外省行为主体，后者并非是罗马公民，Peregrinus 可通过安东尼奥宪法被授予公民身份从而废止外乡人的流浪状态。该词从构词法角度直译即那来自外地的异乡人。这类人的身份并行于罗马帝国之外的野蛮未开化之人，本文指处在朝圣旅途的人总是远在他乡。——译者注

异乡人则认识不到此地有什么进展。而且他的道路既不是"井然有序的"，也不是"确定无疑的"。 属于荒漠的特点的正是不明确和不可靠。与追随一条预定道路的朝圣者相反，现代人自己为自身开辟道路。所以不如说他是一个战士，这战士或者说这工人朝着一个目标进军。异乡人被抛入他的事实性中去。现代人则相反，是自由的。

现代是一个去事实化和自由的时代。它从被抛状态中摆脱出来，被抛状态的抛投者或者谋划者被称为上帝。去事实化和世俗化立足于同一前提之上。人将自身抬升为历史的主体，世界作为可造的客体与之相对而立。生产取代了重复。自由不由事实性来界定。在前现代时期，人类则反之走在一条预定的轨道上，这轨道就像天体的运转轨道一样永恒地重复着。前现代人所碰到的诸事物，他把它们视作预先给定的而接受下来或者承受起来，他觉得自身是被抛入其中的。

他是一个事实性和重复性的人。

虽然现代不再是由一种神学式叙事载述出来，但世俗化并不导向世界的反叙事化。现代仍是叙事着的。它是一种历史的时代，进步的历史和发展的历史的时代。转入到世内而被期待的，是那未来中的福祉[1]。进展或者自由的叙事给时间本身以意义和重要性。面对着在未来之中被期待的目标，加速就是充满意义的和值得希求的。它可以让自己直截了当地纳入叙事之中。这样那些技术上的进展就被配上一种准宗教性的叙事，它们必须加速达到那未来的福祉。因而铁路被神化成时间机器，这机器将那被期待的未来更快地接到现时中去："在这些钢铁轨道上，我们的世纪冲着那辉煌闪耀的目标呼啸而去。而精神道路，我们还要以较之躯体空间更为狂烈的速度飞跃而过！就

---

1 原文 Heil，亦包含由解脱而永生的极乐福运的意思，即中世纪基督教永生天国这一生存目标的一种世俗化意义嬗变。——译者注

像那呼啸而过的蒸汽巨物要将每一外在的抵抗力——
那贸然地或者是胆大地置入铁轨上而要挡住火车去路
的抵抗力——粉碎掉。于是，我们就希望，每一种由
胆怯和不信任所引发的精神性的抵抗都将为蒸汽巨
物的巨力所击溃。不过蒸汽完胜之车还在它运行的初
始阶段，因而只是缓慢地滚动着！仅仅这一点就激起
盲目的希望，它得被遏制住；但就在这行进过程中它
的快速性之风暴翅翼生长起来，并压制那样一种企
求——试图缓制性地涉入命运车轮之辐条！"[1]这一布
洛克豪斯词条的作者将"自我规定着自身的人类"的
终极目的与技术上的进步联系起来。铁路是这样一种
加速机器，它有助于更快地去实现整个人类的那一神
圣的目标："历史诚然一向将它的进程指向这一真正
神性的目标，但在这狂烈地驶向前方的铁路车轮上，

1　《时下的谈话百科》，"铁路"词条，第一卷，第1136页。

它将早出数百年到达那一目标。"历史作为解救史（Heilsgeschichte）[1] 在诸世内进步史的形式下存活于世俗化当中，在世内的对幸福和自由的希望代替了宗教上的对救赎的期待。

现代的意向性是一种投射。它是有目标指向性的。它所采取的行进姿态因此就是朝着一个目标齐步前进。一种缓慢的行进或者一种没有方向性的游荡是不符合其本质特征的。现代人与朝圣者所共有的只是决心。起决定性作用的是下定决心的步伐——要使它们[2]同步化并加速。正是进展的目的论，也就是现时和未来之间的差异，制造出一种加速的压力。这样看的话，加速是一种典型的现代性现象。它预设一种线性的进程。对于那没有可辨识目标的无方向的运动，加速添

---

1 即人类通过世代艰苦奋斗使自身摆脱身体劳役、苦难而永享幸福的一种解脱史。可参阅《圣经·旧约·创世记》中有关人类创生、原罪、被罚而彰显出不断寻求救赎的命运史。——译者注

2 原文为关系代词，指代上文复数形式的"脚步"一词。——译者注

加不上什么新的性质[1]。

　　由于缺失着的神学之缘故，在现代之后[2]便产生出完全是另外一种的运动形式和行进姿态。不存在什么无所不包的视野，没有什么统摄一切的、冲着它得齐步前进的目标。因此，齐格蒙特·鲍曼将闲逛和漫游提升为现代性之后代表性的行进姿态。现代朝圣者的后继者们是漫步的人和游荡的人。当今社会上不仅缺乏闲逛的从容悠闲，而且还缺乏游荡的悠哉轻盈之态。现如今慌张、忙乱、不安、焦虑和弥漫开的惊恐规定着生活。人们不是舒缓地四处走动，而是匆忙地从一个事件赶向另一个事件，从一个信息赶向另一个信息，从一个情境赶向另一个情境。慌张和不安既不

1　亦即加速只是一种机械性的量的变化，并不能带来意义的充实或者历史性意识自身的某种自我成就感。

2　此处原文为 Nach- oder Postmoderne，作者在此使用的是"后现代"一词中"后"这一前缀的德文和英文两种表达，并等而视之，德文"nach"这一前缀即在……之后的意思。译者认为，作者在这里之所以强调"后"这一前缀，是想强调后现代并非是什么将现代性抛诸脑后的一个全新的时代，而是关系到现代性之时间观念的一种延伸性演变后果，所以"后现代"在此书中更多的是用于进行一种"现代之后"的关联性论述，故而译文采用"现代之后"的译法。——译者注

标识闲逛，也不标识游荡。鲍曼将闲逛和走马观花 [1]
这两个词差不多等而用之。这两个词是要将现代之后
的那种不受束缚、不受约束表达出来："终极的自由
处于电视荧屏的导演之下，它在社会之中靠那些浮皮
表面性的东西赖以维持，而这就叫作走马观花。"[2]
但在这里奠基性的自由概念是很成问题的。自由而在
并不是简单地就等于不受束缚和不受约束而在。自由
所造就的并不是离去约束、离去根基，而是参与进来、
置身于其中。完全的无关联状态产生出令人惊惧和不
安的效果。诸如德语中自由的（frei）、平和（Friede）、
友朋（Freund）这些语词都可追溯到印欧语系的词根
fri，它的意思是"爱"，因此"自由的"在原初意义
上意味着"从属于那些朋友或者爱人的"。人们正是
在爱和友谊的关系中感受到自由，并非是不受约束状

1　原文"Zappen"一词的原意是在看电视时用遥控器不停地调换电视节目。——译者注

2　齐格蒙特·鲍曼：《闲散人、赌徒和旅行人：后现代生活形式短论》，第153页。

态，而是约束使一个人自由起来。自由是一种典范性
的关系语词。没有支撑也就不存在什么自由。

　　由于缺乏着支撑，现如今生活要迈出步子来并不
容易。时间上的消散使它失去了平衡。它忙乱地飞奔
着。不再存有什么稳定的社会韵律和节奏——它们会
减轻个体时间筹劳[1]的负担，并不是每个人都能够独
立地界定他的时间。不断增长着的时间进程之复数性
对单个人提出了过高的要求并使其受到过度刺激。缺
失着的时间上的预先给定并不导向自由的增长，而是
导致一种无定位状态。

　　在后现代中，时间上的消散是一种范式变换的后
果，后者不可单单地归结为生活进程和生产进程之加
速的强化。加速原本来说是一种真正的现代性现象。

1　原文 Zeithaushalt，按构词法直译则为时间的家务事，此处事实上是指个体性时间的自我筹
划操劳，每个人都只能算计安排自己生命的生存时间，安身立命之筹划非他人能全权代替，
就好比家务事一样，生命时间的规划决策权始终是落在自己手里。译作"筹劳"有自谋而定
的意思，非为他人卖命意义上的谋划、劳作。——译者注

它预设着一种线性的、目的论的发展进程。现代性理论立足于诸多错误的假设，这理论将加速抬高为所有社会结构之变更的主要推动力，它因此以加速逻辑来寻求解释后现代的结构变换。加速戏剧是最近几百年的一种现象。只要加速是伴以叙事性的，那么这就涉及一出戏。去叙事化将被加速了的前行去戏剧化，而成为一种无方向性的忙乱飞奔。加速这出戏还因为诸多事件和信息的传播速度已达到光速而宣告终结。

这样假设是错误的——对于现代性而言具有代表性的、促进过生产进程和交换进程的加速的诸多社会组织形式，是因如下缘由而退让给现代之后的组织形式，即因前者发挥出抑制着加速的作用："加速的动力似乎是依照不同的进一步展开的需求自行创造出它们所需的制度以及践行形式，又在达到那些通过它们而实现了的速度界限之后将之毁掉。从这一视角来看似乎是……速度的增长作为（现代）历史那一真正驱动着的要素。"[1]按照这一论点，比如，现代之中促进着交换进程之活力的稳定的个人自身认同，自达到一个特定的速度之后由于它缺乏灵活性就又被放弃掉。照此而论，后现代之后[2]的社会结构变更，诸如制度的腐坏以及社会结构的原子化，全部都是现代的被强化了的加速进程的一个直接后果。于是人们就认定："出于时间结构上的根由，现代事实上处于向着一种特殊名义上的历史之后的、因而是政治之后的阶段的过渡当中。"[3]按照这一论点来看，后现代的去叙事化仅只是起因于生活进程和生产进程的一种强有力的加速。这一论点是存在问题的，因为实际上情况是相反的，使生活失去了平衡的是缺失着的时间上的重力。生活完全脱离于韵律之外，这就出现了时间上

1　H. 罗莎：《加速：现代性之中诸时间结构的变化》，第 157 页及 158 页。

2　此处作者再次使用"后现代"之"后"这一前缀的德文和英文两种表达，并等而视之。——译者注

3　H. 罗莎：《加速：现代性之中诸时间结构的变化》，第 328 页。

的紊乱。去叙事化的诸症状之一即是这样一种模糊的感觉：生活在加速，而这里事实上并没有什么在加速，更准确的考察表明，这里涉及的是一种疲于奔命的感觉。一种真实的加速预示着一种被定向了的进程。去叙事化却导致出现一种未被定向的、无方向性的运动，以及一种忙乱飞奔，相对于加速而言前者是无差别的。叙事性张力的消除引出了如下的后果：诸事件由于不再被导入一种叙事轨道，便没有方向性地忙乱飞奔起来。

在人们不断地重新开始的地方，在人们为一个新的可选项或做法而必须自己作出抉择之处，就会形成这一印象——生活在加速着。但事实上，人们在这一点上只是关系到一种缺失着的持续性经验。如果一个持续运行着的、受叙事逻辑规定着的进程被加速，那么这一加速并不作为如其所是的加速那样涌向知觉。它则进一步地被这进程的叙事上的重要性吸收进去，而且不是特别地作为障碍或者负担而被注意到。时间较之以往流逝得更快这一印象，也是从这样的情形中产生出来的：现如今人们不能停留下来，持续性经验变得如此罕有了。如此做假设是有误的，即疲于奔命的这一感觉植根于"错失之恐惧"："那一恐惧——错失掉一些（有价值的）事物，由此那一愿望——提高生命节奏，它们都是⋯⋯ 一种在新时期[1]发展着的文化结果，这一文化程式就在于，通过对诸多可能的世界选项加快地尽情享受——也就是通过提升体验速率—— 使得那向来属于我的生活更为充实，体验更为丰富，且正由此而实现一种'美好生活'。在这一观念中存在着加速文化的允诺。这允诺的后果是，主体想要更快地去生活。"[2]真实情况恰好是其反面。谁试图更快地生活，谁最终死得也更快。并非是事件的数量，而是持续性经验使得生命更为

1　即指现代或者国人所讲的近代。——译者注

2　H.罗莎：《加速：现代性之中诸时间结构的变化》，第218页。

充实。在事件快速地接替发生的情形中，没有什么持续性的东西产生出来。充实和意义无法以集合论的方式得到合理的解释。一种快速地生活过的生命没有长度和舒缓，一种由诸多短促的、短期的、短命的体验所规定的生命——无论那"体验速率"会有多高——其自身就是一种短促的生命。

未来的行进姿态会是什么样的？朝圣者的时代或者齐步前行的时代已经决绝地过去了。人类作为行走者会在一个短暂的忙乱飞奔时段之后重返大地吗？或者说他会完全放弃大地的引力、劳动的沉重，进而发现在悠闲之中漂浮的、漂浮着漫游的轻盈，也就是漂浮着的时间的芳香吗？

现时之悖论

发生什么了?

——不，没发生什么

——可还是有什么在来到——

在等待之中，等待放缓着并保存着每一个到达。

莫里斯·布朗肖

　　诸多间歇或涨动从属于激情拓扑学 [1]。它们是遗忘、丧失、死亡、畏惧和忧虑的构造区，也是渴求、愿望、惊险、诺言和期待的创造区。在很多方面，间歇也是苦楚和悲痛的一个根源。当回忆与那将过去交给遗忘的时间相抗争时，它就变成激情。这样看来，普鲁斯特的时间小说是一部激情史。当那一将现时与被等待着的未来分离开的时间间歇放开去延长时，等待变成了激情。当那被期望的或被允诺的应验，亦即最终的占有或者最终的到达被推迟时，等待便造成了痛苦。

　　时间上的间歇在两种状态或者两个事件之间伸展开来。中间时间是一种过渡的时间，在此中人们没有身处什么确定的状态。这一中间没有什么东西可以用来界定它。这种不确定性，造成一种不安和恐惧的感

1　拓扑学在几何学中，是指有关空间中几何构形之位势和布局的理论，亦指关于在语句中语序的理论。此处指热情这一生命存在样态的造型理论。——译者注

觉，也就是一种涨动感。向那未知的过渡是令人不安的、令人惊恐的。踌躇是涨动之时所采用的行进姿态。畏缩也是属于涨动感的。那将出发与到达分离开的中间时间，是一种不确定的时间，在此间人们不得不对一些无法预料到的事情有所料想。但它也是希望或期待的时间，这一时间预备着到达。

将出发点与目的地分离开的道路也是一种间歇。它就像地点自身一样，拥有丰富的语义。例如，朝圣者之路不是什么空洞的、要尽快地横穿过去的中间区域[1]。它对于那要到达的目标自身而言更多的是构成性的。存在于路途中，在这里意义重大。行走意味着忏悔、解救或感恩。它是一种祈祷。朝圣者之路不是什么单纯的通道，而是朝向异地的一个过渡。朝圣者在时间上存在于通向未来的路上，在那未来中解救被

---

[1] 此处并非指空间面上的一块区域，而是类似于空间线段两点之间的空间。——译者注

期待着。就此而言他不是什么游人。游人不知道有什么过渡。随处都是此地与此时。游人在真正意义上不是存在于路途中。道路穷困化成空洞的通道——这些通道是不值得一看的。此地与此时之完全化剥夺了中间区域的任一语义。现如今，标识着经验的是过渡的极度匮乏。

若是人们单一将自身定位于目标上，那么直至目标的空间上间断，就只是一种要尽快去克服的障碍了。纯粹的目标导向使中间区域丧失了每一个重要性。前者使后者空洞成一条走道——它缺乏任何内在价值。加速是这一尝试，要使那中间时间——它对于中间区域的克服是必要的——完全消失。道路的丰富语义消失了，道路芬芳不再，甚至道路自身消失掉了。加速导致世界的一种语义贫乏化。空间与时间没什么意思了。

若是空间－时间上的间歇只是在丧失与延迟之消

极性这一点上被注意到，那么人们就会开始尽力去完全消除它。电子存储器或者其他重复再现的技术上的可能性销毁了为遗忘负责的时间间歇。它们使过去即刻间就可以被唤出并得以被支配。没有什么能逃离那即时性的调用权。抵抗即时性的那些间歇则被消除掉。电子邮件以此方式造就出即时性，即它完全除掉作为空间间歇的诸多道路。它摆脱了空间本身。间歇被消除掉，从而得以制造出完全的近缘关系和同时性。每一个远方、每一段距离都要被灭除。要做到的是，使一切在此时此地即可得以被支配。即时性变成激情。

那无法使自身现时化的，就不是存在着的。一切都要存在于现时。与现时相抗衡的中间区域和中间时间，则被废除掉。只存有两种状态：虚无与现时。不再有什么中间了。存在更多的是作为现在。在人那里，当每一个中间都被去掉之时，人类的生命就穷困起来。人类的文化也富含中间。庆典时常构成这一中间。基督降临节就是一个中间时间，一种等候的时间。

此地的完全化去掉了异地。此地的近缘关系消除了异地的光环。涨动，那一将异地与此地、不可见与可见、不熟识与熟悉、陌生与密切分离开的涨动，消失了。无涨动的状态可被归结为一种完全使之可见、使之可用的逼压。异地消失在事件、噱头和信息之无间距的并行关系中。一切都是此地。异地再没有什么重要性了。人类不再是一种意气风发的动物[1]。涨动的确引发痛苦和激情，但它也使得人类幸福喜悦。

间歇不仅有延缓的效应，还有规整和划分的作用。没有间歇，那么有的就只是诸事件的一种未经分节的、无方向性的并邻关系或者说浑然相杂。间歇不仅对感知进行划分，而且还对生命分而划之。过渡和剪辑片段使生命获有一种确定的方向，也就是一种意义。废

---

[1] 原文 Schwellentier，为高涨之意，在此为专名组合词表达通顺之故，将其意译为意气风发。——译者注

除诸间歇造就的是一种未被定向的空间。由于这里不
存在什么得到确定性界定的剪辑片段，那么也就不可
能了结一个阶段——一个阶段会富有意义地顺次排列
进入下一阶段。在诸事件彼此间快速接替发生的地方，
也不会产生什么去了结的决心。在一种未被定向的空
间中，任一时刻都有可能中断持续至今的行为并重新
开始。在存在着大量的连接可能性的情况下，了结很
难有什么意义。谁要了结，谁就可能会错失链接。链
接可能性构成的空间认识不到连续性。在这里会一再
地重新作出决定，并且不断地有新的可能性被把握到，
这样的后果就是产生一种不连续的时间。没有什么决
断是终极确定的。曾经作出的决断委从于一些新的决
断。线性地流逝着的、不可逆转的时间，即命运时间，
被废除了。

　　网络空间也是一种未被定向的空间。它是由诸多
链接编织成的，而这些链接彼此间基本上无从分别。

没有什么方向，没有什么选择相对于另外的一些选择具有一种绝对的优先性。在理想的情况下，任一时刻的方向变更都是可能的。不存在终极确定性。一切都保留在悬而未决的状态中。不是行走、步行前进或者齐步前进，而是冲浪或者浏览（在原初意义上则是赏览消福或者遣兴翻阅）呈现着网络空间的行进姿态。这些活动形式在任何方向上都不受约束。它们也不认得什么道路。

所构成网络空间的，不是诸多连续的阶段和过渡，而是诸多不连续的事件或者给定的事实。因此在其中不会有什么进展、有什么发展在进行着。它是无历史的。网络时间是一种不连续的、点状的此刻时间。人们从一个链接转到另一个，从一个此刻转到另一个。此刻并不具有什么持续性。在这里没有什么能让一个人停顿下来而长时间地逗留于一个此刻场地。由于存在着大量的可能性和可选择项，就形成不了逗留于一地的迫力与必要性。长期的逗留只会造成一种无聊。

世界之线性建制的终结并不只是导致沦丧。它还使得新的存在形式和感知形式成为可能的和必要的。进展退让给游荡。感知为着非因果关系而被敏锐化了。叙事线条的终结——这一线条借助于一种严密的挑选而迫使事件行进在一种紧凑的轨道之上——使这一点成为必要的：在一种较高的事件密度之中活动对自身进行定位。艺术和音乐现如今也映现出这一新的感知形式。美学上的张力并非经由一种叙事性的发展产生出来，而是通过事件的一种叠合以及稠密化而产生出来。

如果间歇缩短，就会出现一种被加速的事件序列。事件、信息和画面的密集化使得不可能去逗留。飞快的序列切换不容许有什么凝思状逗留。那些转瞬即逝、目不暇接的画面，无法持久地约束注意力。它们快速地散播出诸多的视觉刺激而又逐渐淡化，与突出意义上的知识和经验不同，信息和体验没有什么持久的或者深刻的效应。真理与知识却是具有一种远古的声响。它们立足于持续性。真理必须延续起来，但面对着变得越来越短的现时，真理淡化了。知识归原于一种时间上的聚合——这种聚合将过去与未来统摄入现时之中。时间上的延展状态不仅标示出真理还标示着知识。

变得越来越短的间歇也可以有效地说明技术性的产品或者数字产品之生产制造。这些产品现如今老化得非常快。新的版本和样式使得它们如此短命。求新的逼迫缩短了更新周期。那逼压之势或可追溯到这一点上：没有什么能够造成一种持续。不存在什么作品，不存在什么了结，存有的只是诸多版本和花样的一种无限延续。设计作为纯粹的形式游戏，也就是康德意义上"纯粹"的美，亦即没有任何深意，没有那超感官的美丽外表，它引起的是一种单纯的"愉悦感"——从其定义出发就要求有一种不停的变换，要求进行一种不断的更替。更替应该促使心绪兴奋起来，换句话说，有助于保住注意力。没有什么单一的感觉会赋予美丽外表以一种持续性。没有什么单一的感觉会放慢时间。

现时之萎缩并不使现实空洞或者淡化。它的悖谬之处正在于：一切都同时是现时；一切都具有并且必定具有这一可能性，即成为此时。现时自身缩短着，它丧失每一种持续。它的时间窗户变得越来越小。一切都同时挤入现时中去。这导致画面、事件和信息拥挤的后果，这使得不可能做出每一种凝思式的逗留。人们走马观花般地穿梭于整个世界。

散发芳香的时间晶体

即算是朗日之下时间也轻盈不语

就好比是那窃贼潜行于夜幕

我们死盯着时间，呵斥着

直至它受惊而呆立

这乃是解脱抑或灾难？

　　普鲁斯特在叙事上的时间实践可以被诠释成对
"匆忙时代"所作的一种反应，在那一时代中艺术自
身被"紧促地束缚"[1]起来。它失去了时代的气息。
一种普遍的呼吸短促侵袭着这一世界。匆忙的时代对
于普鲁斯特而言是铁路时代——这一时代，如普鲁斯
特所言，扼杀了每一种"凝思"。普鲁斯特的时间批
判也适用于那一"影片拍摄式"时代——它让现实瓦
解成相互间快速接替发生的诸多画面。普鲁斯特针对
匆忙时代而提出的时间对策，就在于帮助时间重新回
到持续性并让它重新散发芳香。

　　普鲁斯特对丧失了的时间的找寻，是对不断进行
着的去时间化的一种反应，去时间化使得此在离散不
群。这一个自我瓦解成"诸时刻的一种接续交替"[2]。

1　M.普鲁斯特:《追忆逝水年华》，伽利玛出版社编，巴黎，1927年，第15卷，第35页。（下
文出现此书，除特殊标明外，出处均同此处。）

2　M.普鲁斯特:《追忆逝水年华》，第13卷，第91页。

于是，每一持存，乃至于每一持久性都在他那里丢失掉了。那一个"我曾是的人"——普鲁斯特如此写道——"再也存在不起来了，我是另外一个"[1]。普鲁斯特的时间小说《追忆似水年华》是一个尝试，要让这一个我的自身认同——它面临着崩溃的处境——重新稳定起来。时间危机作为一种自身认同危机被人们所了解。

众所周知，小说中那一决定命运的重要经历，是那浸入菩提树茶里的玛德琳蛋糕[2]的芳香以及味道[3]。当马塞尔将泡软了的一小块玛德琳蛋糕就着一勺茶水送到嘴边时，一种强烈的愉悦感弥漫他的全身："一种前所未有的愉悦感传遍我的全身，这感觉完全只为其自身而存在着，其原因于我而言总是不可知的。心中一激，生命的浮浮沉沉于我就无所谓了，生命中的

---

1 M. 普鲁斯特：《追忆逝水年华》，第 276 页。

2 一种贝壳状重油小蛋糕。——译者注

3 味觉必然暗示出一些气味和香气。一道茶的味道首先来说主要由其气味构成。由于味觉来源和味觉感官在空间上的近切关系，那从上颚蔓延开来的对诸气味的感觉尤为强烈。

灾难就变成了毫无伤害性的霉运，生命的短促变成了
我们感觉上的一个单纯的幻觉；在我身上所发生的，
是在其他情况下所能做到的，不过与此同时我感到自
己被一种美妙的事物所填满；或者，确切地说，这个
东西不是在我体内，而是我就是它本身。我不再感到
自身之平庸、受命于意外（随机性）以及终将一死。"[1]
马塞尔得到了"微量的纯粹时间"[2]。这一散发芳香
的时间精华引发出一种持续感。因而马塞尔觉得自己
完全摆脱了那些纯粹的"随机性时间状态"。一种时
间炼金术将诸感觉与诸回忆化合成剔除掉现时以及过
去的一个时间晶体[3]。普鲁斯特确实谈及散发着芳香
的晶体，"安宁的、悦耳的、芬芳的和通透的时间晶

1　M.普鲁斯特：《到斯万家去》，第63页。

2　M.普鲁斯特：《到斯万家去》，第15页。

3　普鲁斯特对那弥漫其全身的愉悦感所作的解释如下："这一缘由我自此时起即猜想到了，
即当我比较那些彼此相异的欢喜印象之时——那些印象有这一个共同之处：也即我在当下的片
刻、在一个久远的时刻同时经历着它们，直至最终过去延伸并入到了现时而我自己立时就无
法再确定，我自身处二者中的哪一个……。"M.普鲁斯特：《重现的时光》，法兰克福，
美因河畔，1984年，第263页。

体"[1]。时间凝聚成"诸多无可渗透的容器，其中的每一个容器都容纳着那些有着迥然相异的颜色、香气以及温度特性的物体"[2]这一充满芳香的容器虽然就如下情形看是一个"超越时间性的"处所，即那里没有什么在流逝，没有什么屈从于时间的离散。但它并不由无时间的超验所供养。芳香的"天国菜食"由诸多时间性的配料构成。它们的香气并非是那一种没有时间性的永恒之气味。普鲁斯特那里的持续策略是让时间散发出香气。这一策略预设人历史性地生存着，人有一段生命历程。时间的芳香是一种内在的香气。

有趣的是，时间那迷人的香气是在实在的芳香上来展开的。很显然气味感官是一种记忆与唤醒的感觉器官。那种"不由自主的回忆"诚然也是经由触觉的（固化了的餐巾纸之僵硬感，或者对高低不平的铺路石头

---

1 M.普鲁斯特：《追忆似水年华》，《到斯万家去》卷一，第119页。

2 M.普鲁斯特：《重现的时光》，第12页。

的感觉）、听觉的（盘子中调羹的声音）以及视觉的经验（瞥见马丁郡的教堂塔尖）而被引起的。但恰好就是那由茶水的气味和味道所唤起的回忆渗透出一种特别强烈的时间气味。这一回忆让童年的世界重新活现起来。

香气和气味显然进入过往之极深处，掠过宽广的时间区域。这样，它们就构成了那些最早的回忆的轮廓。从一种独特的气味中就复活了原以为已经丢掉的童年的世界："……就好像是在那些游戏当中一样，在其中，日本人把小片的、起初完全是不可显见的纸张投入一个注满了水的瓷碗之中，纸张刚一吸满水，就裂解开来，翻转起来，染上了颜色，显露出明确的细节部分，变为花朵、房屋这些彼此关联着的并可识别出的图案，现在我们的花园里的所有花朵，斯万先

生的花园里的那些花朵，在维沃纳 [1] 盛开的那些芙蓉，
来自村庄的灯光以及灯光所在的那些小房屋，还有教
堂、整个坎伯雷和它的郊区——所有的一切都是清楚
明了，那城市和花园就从我的一杯茶中浮现出来。" [2]
茶水中一个"几乎不真实地至微的水滴"是如此的宽
广，以至于此中有位置安放"记忆中的一个宏大建筑
物"。味道与气味远活在个人逝世之后、事物覆灭之
后。它们是那撕扯着的时间河流中的持续性岛屿："但
当在个人逝世、事物覆灭之后，较早的过去不存在的
时候，单单是气味和味道变得更易破碎，但却更有活
力，无形的却是持久的，稳定的并且是忠实的，它就
像游魂一样继续引领着生命，回忆着、等待着、希望
着……" [3]

---

1 是法国普瓦图－夏朗德大区维埃纳省的一个市镇，属于普瓦捷区，维沃纳县。——译者注

2 M. 普鲁斯特：《到斯万家去》，第 67 页。

3 M. 普鲁斯特：《到斯万家去》，第 66 页。

在《可会意的媒介》中，马歇尔·麦克卢汉指示
人去注意一项有趣的实验，这项实验似乎是为普鲁斯
特的玛德琳蛋糕经历提供了一种生理学上的根据。在
大脑运转时，脑组织所受到的诸多刺激唤起很多回忆。
这些回忆被诸多特别的气味和味道所浸染，并经由它
们而结合成一个统一体，构成早先经历的轮廓[4]。气
味仿佛孕育着历史。它充满着历史，充满着叙事画面。
气味感官——就像麦克卢汉所注意到的——是"象形
的"（iconic）。因此人们也可以说它是史诗般叙事
性的感官。它把诸多时间性的事件连结、编织、凝缩
成一幅图画，一部叙事作品。通过把那一个我[5]框进
一种自身认同之中，框进一幅自画像之中，孕育着图
画与历史的气味让受离散威胁的我再次稳定下来。一

---

4 M.麦克卢汉：《可会意的媒介》，杜塞尔多夫/维也纳，1968年，第159页。

5 原文为指示代词"es"，指代上文中性名词"Ich"，在此意译为时间中呈现着的主体对象——
那一个我。——译者注

种时间上的延展性让那一个我回到自身那里。这一自
我回归自身是令人喜悦的。散发芳香的地方，也在自
我聚合着[1]。

　　香气是迟缓的。因而就匆忙时代的化被动为主动
的这一方面而言，香气也是不合适的。人们无法让香
气像视觉图像那样彼此间如此快速地交接。与那些视
觉图像相反，香气对自身加速相当之少。一个由香气
统御着的社会在很大程度上也不会发展出任何去改变
和加速的倾向。它由回忆和记忆所养持，由缓慢和悠
久所养持。反之，匆忙的时代则是一种"拍摄影片式
的时代"、被视觉广泛影响的时代。它[2]将世界加速
成一种"诸事物的电影拍制流程"[3]时间崩塌成单纯

1　原文为一个反身动词词组 sich sammeln，意即聚合，但文中反身代词 sich 打斜，作者意在
强调聚合过程中内在的自身性要素，故在此将反身代词"sich（自身）"翻译出来以示强调，
但绝非是外在的、要被聚合的对象性"自身"之主体。——译者注

2　指代上文匆忙的时代。——译者注

3　M. 普鲁斯特：《重现的时光》，第 279 页。

的诸现时之顺次交替。匆忙时代是一个没有芳香的时代。时代的香气是一种持续的现象。因此它回避"行动",回避"直接的享用"[1]。它是间接的、迂回的、居间的。

通过将诸事件框起来,系拢成一个关联着的整体,或者划分成不同的时期,普鲁斯特的叙事的时间实践对抗着时间上的离散。它们被重新联结起来。由诸事件组成的关系网让生命呈现出摆脱了单纯的随机性的状态。它赋予生命一种重要性。普鲁斯特很显然坚信如下这一点:生命在其深层次中展现出一种被紧密编织起来的、由彼此关联着的事情所构成的网;"在诸事件之间不停地……编出新的关系脉络 [2]……以至于在我们的过往中那极细微的一点与其他诸点之间,一个丰富的回忆网络就只是让我们选择

---

1 M. 普鲁斯特:《重现的时光》,第 14 页。

2 此处德文名词 Fäde,有丝线、纤维、筋、关系、联系、线索的意思。今作合译。—— 译者注

一下联结方式罢了"[1]。对于点状现时之无关系状态
（Beziehungslosigkeit）——对此时间面临着溃崩的危
险——普鲁斯特以一种诸多联系与类似性的时间性编
织物来对抗。为了认识到所有事物彼此间是交织着的，
认识到每一最微小事物联通于世界整体，人们只需要
更为深入地洞察存在。可是，匆忙的时代没有时间去
深化感知。只有在存在的深处，这样一个场域才会敞
开，在其中一切事物都相互依偎并彼此联通着。正是
存在的这一友善性让世界变得芳香。

　　真理亦是一种关系性事发(Beziehungsgeschehen)。
真理发生于如下情况之时，即根基于一种类似关系或
者一种其他的近缘关系，诸事物彼此联通之时，也即
它们专注于彼此并进入诸多关系当中之时，甚至可以
说是它们结交之时："……真理只有在此一瞬间才开

1　M.普鲁斯特:《重现的时光》，第483页。

始，在此中作家纳入两个不同的事物，确立起它们之间的关系……并在对美妙文笔的必不可少的求索之中作以表达；甚或是如此之时真理才开始：当作家——好比生命所做的那样——指出两种感觉在质上的共同之处，并且通过为了免除时间上的单纯随意性，将一种感觉与另一种感觉用隐喻统一，并借助词语连接的不可描述的有效的纽带连接此二者，才予以解放的这两种感觉的本质。"[1] 只有这一类似关系、友善关系或者亲和关系才使诸事物之为真。真理是与单纯的并置排列相对立的。真理意味着约束、关系和近缘。只有深刻的关系才使得诸事物真实起来："我们称之为真实性的，是诸感觉与诸回忆之间的一种特定的关系，这种关系同时环绕着我们——它是这样一种关系，它在一种简单的影片拍摄式复现中会被丢失掉……一种

---

1 M. 普鲁斯特：《重现的时光》，第 289 页。

独特的关系，作家必须重新去发现这一关系，从而将这两个异极在他的语句中永远地相互结合起来。"[1]诸隐喻的构造在如下意义上也是一种真理实践，即它连接起一个布满诸多关系的网络，它开显出两个事物间的诸多联结路径与联通路径。它反抗着存在的原子化。它在如下意义上也是一种时间实践，即它将持续性，也就是一种关系的忠实性，与自为地孤立起来的事件之短促的顺次交替相对立。隐喻是当诸事物结交之时所释放的芳香。

"直接的享用"是没有能力获取美的，因为一个事物的美是"很晚之后才"在另一事物的照耀中，也就是在一种相似性的悠深意味之中显现出来。美可归因为一种持续、一种凝思式的系拢。美不是刹那间的

1　M. 普鲁斯特：《重现的时光》，第 288、289 页。

光辉或吸引力，而是一种晚霞[1]，事物的一种磷火荧光。"诸事物的那一影片拍摄式的流程"并不是美的时态。匆忙的时代，它的点状现时之"影片拍摄式"的流程没有任何途径获取美或者真。只有在凝思式的逗留中，甚至是在一种禁欲式的克制状态之中，诸事物才显露它们的美，它们散发着芳香的本性。美是由散发出磷火荧光的时间沉淀组成的。

1　原文 Nachleuchten，该词从字面上理解亦有后续发光照耀的意思，包含着持续发光的意向。——译者注

天使的时间

……在踌躇的时域里……

在我呼喊之时，究竟是谁

自那天使序列之中倾听我？

而即令是，其中一位会突然与我

至心相拥：我会从他那

更为强力的此在中消逝。

因为美无非是我们还刚好

承受着的可怖开端……

每一个天使都是可怖的。

莱纳·玛利亚·里尔克

多次被引唤出来的宏大叙述之终结是史诗般时代的终结，是作为谋略的历史之终结——这一历史将诸事件迫入到一种叙事轨道上并由此构思出一种关联、一种深远意义。叙事的终结首先是一种时间危机。这终结摧毁了把过往的和将来的东西聚合到现时之中去的时间引力。如果时间上的聚合付之阙如，时间就会崩塌。后现代并不等同于对叙事时代之终结的一种天真的节庆般的肯认。反之，后现代的代表人物制订了各种不同的时间策略与存在策略——它们对时间之溃崩，对去时间化起着反抗性作用。德里达的弥赛亚主义也重新造出时间上的引力来，并且没有倒退回旧有的叙事图式与自身认同图式。那时间的引力是从弥赛亚式的未来中产生出来的。德里达自己不会否认这一点，人类的生命总是需要一种建构。叙事并非是生命在世之唯一可能的建构。

叙述的终结并不必然将生命简化成单纯的计数。

只有在叙述，亦即旨在求取含义与编构的谋略之外，存在的深层，简单地说，也就是存在才能显现。海德格尔转入存在也是叙事性危机的一个后果。而且叙事与计数并不是迥然各异的。叙述是计数的一种特殊样态。叙述建构起一个张力弧度，此张力弧度将含义载入事件序列。张力弧度超越于单纯的计数而将事件序列联结成为一种历史。然而，存在并不归于数目与计数、列举与叙述之中。

面对着含义的危机，利奥塔也作出一个转向进入存在。在此他将叙事上的含义空洞转进一种特殊的存在经验。含义与存在的区别构成一种本体论上的差异。在叙事与历史的时代，存在回退而以含义为重。但在进行去叙事化之时，在含义退让的地方，存在便到来。然后，诸事件不再指引人去注意它们的叙事性内涵，它们的所是，而是指向它们的如是。如是在发生

着 [1]，这对于利奥塔而言并非是单纯的事实。它更多地是指引人去注意存在之发生本身。在这一存在转向当中他与海德格尔的观点相去不远。利奥塔甚至期望一种存在的增升 [2]。

叙事的终结带有一种时间层面上的后果。它结束了线性时间。事件不再被连接成一个历史。那生成含义的叙事性联结，以一种挑选性的方式进行着。它严格地管控着诸事实的顺序。一种完全任意的语句并列得不出含义，产生不出历史。因而叙事性联结使并不隶属于叙事性秩序之中的事物消失掉。叙事就某特定方面而言是盲目的，因为它只朝着一个方向。这样，叙事内在地就存有死角。

叙事性联结的解体使时间脱离开它的线性轨道。

---

1 这一句德文 (Daß es geschieht)，可以说是一个主语从句，句中并未出现什么语词作为"所是"的主词，只有语法逻辑形式上的主词"es"，后者可实指任一实意名词、事件、状态、行为、谓述、关联等一切可指称言说的意象。可粗略地类比参照佛经上真言正知的言表方式，"如是我闻""如是佛在舍卫国"等，事实自知自明自显其真言。——译者注

2 让·弗兰克斯·利奥塔:《非人性的》，维也纳，1989 年，第 163 页。

线性叙事式时间的瓦解并不必然地展现为一种灾难。利奥塔在此之中也看到一种解放的可能性。因为，感知从叙事的枷锁之中——也就是说从叙事的压制中被释放出来。它开始漂浮起来，并使自身保持漂浮状[1]。于是对着在叙事上未受束缚的事件，对着在那本真意义上的事件，感知变得自由起来[2]。那些在叙事轨道上没有位置，好像不存在的东西，又变得可被感知了。接受那未知事物的愉悦伴随着这一漂浮[3]。

利奥塔将那个称作"天使"的简短名言[4]置于他的《瞬间，新人》文章的开头。他通过将天使和瞬间神秘莫测紧密联系在一起，而使时间变得神秘。根据利奥塔的见解，叙事的终结并没有夺去时间的所有引

---

1 原文 Suspens，意指悬浮状，兼具悬置未定性为某存在者的意味的意思。——译者注

2 意指感知诸事件时是一种自由自在的充分享有状态。——译者注

3 让·弗兰克斯·利奥塔：《非人性的》，维也纳，1989 年，第 163 页。

4 即本章首语诗文。

力。它反倒解放出"瞬间"。线性时间消解之后的瞬间绝非是崩塌的产物。时间微粒在瞬间那里虽然缺乏深度含义，但它拥有一种存在深度。不过瞬间的深度所涉及的是此之单纯示现[1]。它并不再现什么。它只要人注意到这一点："'有某物在此'先于在此之物有某种意义。"[2] 这一此就是它的整个内容。利奥塔的天使并不宣告出什么，没有什么要加以告知的。它在其单纯的示现中光亮显目。

时间纵向深化，而不是在叙事轨道上横向延伸。叙事性时间是一种连续性时间，一个事件从自身之中预示着下一个事件，诸多事件彼此相续着并产生出含义。现在这一时间上的连续性断裂开了。这就形成一种不连续的、开裂了的时间。一个事件在其自身之中

---

1 意指现时（Gegenwart）的存在模式，即当下的、现时的、暂时的显示，直接的呈示。——译者注

2 M. 普鲁斯特：《重现的时光》，第 155 页。

不再含有下述指示：事件继续进行着，在它之后又会有一事件继而发生。它所担保的，除它的瞬间示现之外别无其他，这就形成了一种没有回忆与期望[1]的时间。它的全部内容都尽显于那一坦露的此在。

利奥塔引述巴内特·纽曼的话："我的画面既不受系于空间的操控，也不受系于图像式的演示，而是受系于一种时间感。"[2] 时间感并非是时间－意识[3]。时间感缺失时间的延展性——这一延展性应是意识的构成成效（Konstitutionsleistung）。时间感[4]发生于意识的综合之先。这里所关涉到的不是一种感发着的时间，而是一种刺激着的时间[5]。它就像一朵"冲然之

---

1 而上文瞬间性 "augenblicklich" 则具有眼下、当下的意思。——译者注

2 M. 普鲁斯特：《重现的时光》，第 153 页。

3 原文仅将该复合词后半部分打斜，意在强调不同的时间出现方式。

4 指代时间感。

5 即不是要显示出某物，而是自在如是地自我显示着自身，感受自身之可感动的自在存在状态。

云¹"转眼之间兴然而显，接着重又消失无踪影。事件不是意识可接近的主题，而是一种精神烙印²，这烙印是不能被纳入意识之中的，并使自身完全摆脱掉意识的控制或者使之失效。

利奥塔对充满含义的时间之崩塌的回应并非是通常意义上的虚无主义，而是一种特殊类型的泛灵论。原初的感官感受虽然没有经由意识而被主题化的内容，但是它唤醒灵魂存活起来。它让灵魂挣脱开死亡，将灵魂从昏睡³中拽离出来，倘若灵魂不为感官感受激发，那它将垮陷于昏睡之中："灵命只有被感发了才会存在。舒适或不舒适的感受是在预告灵命，若是它没有被什么东西所感动的话，就不会有灵命存在，

---

1 让·弗兰克斯·利奥塔：《后现代的诸道德观》，维也纳，1998年，第207页。原词"Affektwolke"，译作冲然之云，其中的"Affekt"有激动、冲动这种自我感受状态，即上文时间感去感受自身之可感动的具体存在样态，"冲然"是发自内在的生存样态。——译者注

2 原文Trauma，直译为精神创伤，意即不会将之主题化去设想的、漠不相关的外在超越对象，而是自身直接被动地去承受的经历，去经受的存在事件。——译者注

3 医学术语，表示一种嗜眠症，亦有冷漠、不关心的意思。

灵命就不会被激发出来。灵魂只是一种可触动状态的觉醒。灵魂在这么长的时间都未受触动，好比它经由一种声响、一种颜色或者一种气味，也就是经由一种感性事件却未受触动。"[1]经由原初感受而觉醒起来的生存的灵魂，是一种最低限度的灵魂，一种没有精神的、和物质打交道的灵魂，一种没有连续性与记忆的灵魂——这灵魂完全地逃离精神分析，甚至逃离任何一种解释学。

在叙事终结以后，按照利奥塔的看法，艺术也将自身清空成为一种单纯示现的艺术。它仅立足于那一"愿望，即但愿灵魂逃离死亡"[2]。诸声响、颜色和声调被腾空掉文化所赋予它们的意义。在它们的文化上的重要性这一边，艺术必须将注意力导向它们的事件特质。艺术的任务就在于，就某物发生着给出相关证据："感官上所感受到的是一个事件；灵魂只有

1 让·弗兰克斯·利奥塔：《后现代的诸道德观》，维也纳，1998 年。

2 让·弗兰克斯·利奥塔：《后现代的诸道德观》，第 209 页。

在通过这一感官感受事件而被激起的情况下才得以生存；当缺失这一感官感受事件之时，灵魂便在没有生气的虚无之中消解掉。艺术作品有这样一个任务：重视这一奇妙而又令人为难的前提条件。"[1] 灵魂应将其生存归根于那感官上所感受到的，归根于感性事件。那些感官上所没有感受到的就只有麻木不仁。美学是一种解决威胁性的麻木不仁的药方。

利奥塔持有这一看法，正是叙事时代的终结使得有可能去接近"存在的奥秘"[2]，它带有"存在之提升"的后果。但他过于轻视他的虚无主义的维度。时间连续性的崩塌使得生存彻底地脆弱起来。灵魂总是受制于死亡的危险、虚无的惊慌，因为使其挣脱死亡的事件缺乏任何持续。事件之间的这些间歇是死亡区域。在这一空无事件的中间时间里，灵魂垮陷于昏睡。存

1　让·弗兰克斯·利奥塔：《后现代的诸道德观》。

2　让·弗兰克斯·利奥塔：《那不人道的》，维也纳，第 155 页。

在的快活感自身混合着对死亡的恐惧。亢奋之后沮丧随之而来，这是一种存在论上的沮丧。

存在之深层次同时就是存在之绝对匮乏。在存在那里完全缺乏可以栖居的空间。利奥塔在这一点上与海德格尔彻底区分开来。他的存在之奥秘是对于单纯的此在而言的，"最低限度的灵魂"——它分有着存在的奥秘——终究而言是那种最简单的单子的灵魂，那种植物性的灵魂，它不具备意识活动、精神活动。它只识别两类状态：惊恐与快感，对所面临着的死亡的惊惧与脱离死亡的轻松或欢快。人们恐怕绝无可能谈及快活，因为快活是意识的一种成效。利奥塔那里处于存在之深渊的裂开的、非连续的事件－时间，绝非是生命的时间或者栖居的时间。生命不只是植物性生长，不只是单纯的觉在。叙事时代的终结并不一定是必然地导向植物性的时代。有这么一种生命时间，它既非叙事性的，亦非植物性的，它超然于主题与精神烙印之外而安居下来。

散发芳香的时钟：
简短插叙古老的中国

盆花浮红，篆烟缭青。

无问无答，如意[1]自横。

点瑟既希，昭琴不鼓。

此间有曲，可歌可舞。

苏东坡[2]

1　如意在字面意思上是说："一切都合乎愿望地发生"。它是一种装饰华丽的节杖，由木、玉或象牙制成，它会给持有者带来福乐、长寿和安康。不过它也可能是挠背之物。

2　引自：弗朗索瓦·于连（又译作朱利安）：《论无聊——一篇赞歌》柏林，1999 年，第 81 页。（出自苏东坡的《十八大阿罗汉颂》。——译者注）

在中国，一种叫作香印的熏香时钟一直到 19 世纪还在使用。欧洲人直到 20 世纪中期都把它当成一种普通的香炉。用熏香来进行一种时间测量的观念对于他们来说是陌生的，或者光是想一想时间竟会具有一种芳香的形式都是不可思议的 [1]。由于它那用熏香制成的可燃部分像一枚印章，所以这一时钟被称为"香印"。左圭在《香谱》中对于这样一种香印记述道："镂木以为刻，以范香尘，为篆文，然（燃）于饮席或佛像前，往往有至二三尺径者。" [2] 熏香之印的造型是连贯的，这样火晕就可以完全燃遍这块印。一块通常是含有字块型式的模板，以磨碎了的熏香加以填充。当它被拔起来的时候，就形成了一个由熏香构成的字

---

[1] 通过西尔维奥·贝迪尼（机械与民用工程部馆长）的一篇精细的文献记录才使得西方也注意到远东的测量时间的做法。参看西尔维奥·贝迪尼：《时间的香气——在东方国家中用于测量时间的火与香的使用研究》，刊于《美国哲学学会会报》，第 53 卷，第 5 部分，1963 年。很显然麦克卢汉熟知这项精细调查过的研究。请参阅 M. 麦克卢汉：《可意会的媒体——人的延伸》，伦敦，1964 年，第 145 页及 146 页。

[2] 引自西尔维奥·贝迪尼：《时间的痕迹——在东亚使用香进行时间测量》，剑桥，1994 年，第 103 页。下文此书出处均同此处。

形。它要么是由一个汉字——通常是"福"——要么是由多个汉字构成。在一个熏香之印上写着这样一句谜一般的公案[1]：知是空花，即无轮转，亦无身心受彼生死。在印中央的一朵花替掉了"花"的字样。印自身被造型成像一个李子花朵。火晕一个字一个字地走完——也就是燃烧——整个印，以此方式描摹着那个花朵话头。

　　香印原本就是熏香时钟之整套器具，它由多个部件构成。由熏香构成的香印在一个装饰华丽的罐子里面焚烧，一个刻有文字符号或者其他象征符号的开孔盖子用来防风。罐子上通常镌刻着具有哲学或诗歌内容的文字。整个时钟因此就被散发着芳香的文字和图画围绕着。被雕刻花瓶的整个意蕴之充实渗透着一种芳香。一个顶盖上有着花朵式洞孔的香印在其侧壁上

1　指那种极其精辟地表达出来的、通常是谜一样的话语，禅宗法师把它展示给他的徒弟们用于精神上的参修。（此处当指公案里的话头，而非故事性的禅宗传法公案，下文一律将 koan 一词改易为话头。——译者注）

镌有如下诗文：

> 看花听竹心无事，
>
> 扫地焚香乐有余。[1]

作为时间测量媒介的熏香与水或者沙子相比，在很多方面都不相同。散发芳香的时间既不是在飞逝也不是在流逝，并且没有什么将自身掏空。更多的是熏香的香气填充着空间。的确，它使时间空间化，由此给予时间一种持续的外表。火晕虽然让熏香持续不断地转为灰烬，但灰烬并不溃散为灰尘。它更多的是保持着笔法形式。因而熏香之印自身作为灰烬并没有丧失意义。瞬时性——那不停歇地向前推进的火晕也许是在提醒这一点——退让于一种持续性的感受。

香印确实是在散发着芳香。熏香之芳香使时间的芳香强烈起来。这一中国时钟的精巧之处就在此中。

---

1 语出张之万（清）的对联《赠梅生大兄大人正》。——译者注

香印在那一芳香飘溢的固态时间中显示钟点，它既不飞逝也不流逝。

闲坐烧印香，满户松柏气。火尽转分明，青苔碑上字。[1]

熏香让空间充满了石松香和雪松香。散发芳香的空间使诗人安静、祥和。灰烬也并不是在警示转瞬即逝。它是"绿色的青苔"——这青苔甚至凸显出字形来。时间在石松和雪松的芳香之中停顿下来。它在"清明的画面"中好像静止了，被框入一个形体之中，时间并不流逝。它被留住了，留在那芳香之中，留在芳香的迟疑的时段里。由熏香升腾起来的烟云也以图像的方式被感知。丁绘写道：

飞来梦蝶，

---

1 出自《香印》：王建（约767－约830年），唐代人，字仲初，颍川（今河南许昌）人。——译者注

> 倏尔龙蟠，
>
> 俄鸟凤集，
>
> 春蚓秋蛇。

那丰富的形体好像让时间流聚成一幅画作。时间成了空间。春与秋在空间上的并存留住了时间。一种时间之静止生命出现了。香印的烟云在诗人乔吉看来就像是一种古老的字体——它给诗人传达出一种深邃的持续感。

> 暖蜕龙团香骨尘，
>
> 细袅云衣古篆文，
>
> 宝奁余烬温，
>
> 小池明月昏。[1]

这里所涉及的是一首对持续性所作的诗。花园池塘中的月光早已熄灭了，灰烬却并没有完全冷却下来。

1　引自西尔维奥·A.贝迪尼：《时间的痕迹》，第136页。

熏香容器还散发出温热。这温热持续。那迟疑的片刻使诗人愉悦起来。

中国诗人谢缙（1355—1430年）对香印那升腾起来的香气如此写道：

烟篆微销过午香。

在这里，诗人对于美好的午后时光已然过去并不感到惋惜，因为每一时间都拥有一种自身之芳香。为何要惋惜午后的逝去呢？紧随着午后芳香的是夜晚的芬芳，而且夜晚流溢出自己本有的香气。时间的这些芳香之气并非是叙事性的，而是凝思性的。它没有被分割成一种前后相续的系列。它更多的是安居于自身之中。

春有百花秋有月，

夏有凉风冬有雪。

若无闲事挂心头，

便是人间好时节。

　　可接近优良时间的是那样一种精神，它腾空自身之中那"无益的"。正是精神的这种使其摆脱掉欲求的空旷，深化了时间。这一深度使得每一时间点都与整个存在结合起来，与存在之散发芳香的不消退性状结合起来。就是欲求本身——它通过让精神匆忙奔去的方式，使时间变得完全是修长倏忽即逝的了。在精神停息的地方，在它安居于自身之中的地方，良好的时间便出现了。

世界的圆圈舞

石松的芳香 ——

一条壁虎倏然爬过

那炙热的石头。

1927 年在巴黎出版了《追忆似水年华》。同一年在德国出版了海德格尔的《存在与时间》。两本初看起来是如此不同的著作之间存在着很多的巧合。《存在与时间》像普鲁斯特的时间策划一样，与人类继续生存发展下去的离散状态相对抗，与时间之溃崩成单纯的点状现时序列相对抗。海德格尔声称要以《存在与时间》呈示出一种于任何时间都有效的人类生存现象学，与他的要求相反，他的著作实际上是他的时代的一个产物。时间上特有的过程，与不依赖于时间的人类生存特性混合在一起。因此海德格尔将经由加速而出现的日常世界之毁败，以成问题的方式归结于对此在而言本质上内在的"近缘倾向"："此在根本而言是去-远化的（ent-fernend），它作为如它所是的存在者，让存在者总可于近缘之处相遇。……在此在中存在着一种根本性的近缘倾向。我们当今或多或少被迫地参与进去的所有的速度提升方式，迫切地要去克服这种去远性。比如现如今此在在日常周遭世界的一种扩展与毁败的道路上，用'无线电'来进行一种于其此在含义上还无法明了的'世界'的去远。"[1]作为此在的存在方式"去‑远"——借助于此我在空间上拓展我的周遭环境，与那一种被激发出来的加速——它通向空间自身的消除，在什么程度上是有关系的？海德格尔很显然没有认识到，无线电话的时代，也就是说"匆忙的时代"建基在远远超出对此在而言的本质上内在的"近缘倾向"。正是"近缘倾向"才使得空间上的定位成为可能。空间上的一种完全‑去远是和让此在以空间性的方式生存起来[2]的"去‑远"完全不同的。

　　新媒体废除掉空间本身。超链接也让道路消失掉

1　马丁·海德格尔：《存在与时间》，剑桥，1994 年，第 105 页。下文此书出处均同此处。

2　一种是完全消解空间距离的毁败为虚空的零点生存样态，一种是生成、展示着空间性的本真立体生存样态。——译者注

了。电子邮件不必跨越那些高山和海洋。准确地说，它也不再是什么"上手之物"。它并非是"来到手上"而是直入眼帘[1]。新媒体的时代是一种内向爆裂的时代。空间和时间内向爆裂成此地和此时。一切都被去-远。不再有被神圣化了的空间区域——那些人们不允许去远的空间，亦即一种空留状态属于其本质的一些空间区域。那些散发芳香的空间节约它们的显现。这些空间内在地具有一种光环式的远方。凝思性的、逗留着的目光并非是去-远着的。在后来的文章中，海德格尔转向反对世界之无节制的去远。根源是某种"在离去中徘徊着的、节约着自身的"本源。他并不使自身耗竭或者变卖掉自身。与本源的近缘关系——海德格尔这样说道——是一种"节约着的近缘关系"。

这个"常人"——海德格尔将之一般化为一种存

---

1 意即所见即所得的存在者显现活动，不再是那种存在者是自身去呈示着的生存性活动。

在论上的常态——事实上是他的时代的一种现象。同时他是海德格尔的一个同时代人。"常人"的时间经验恰好就对应于那一种电影拍制性的时代——这一时代在普鲁斯特看来标识出"匆忙时代"的特征。时间被打散成单纯的点状现时接替序列。"常人"是"如此之少地投身于'事务'上，以至于他的目光在有所收获之时也就已然转移到下一个事物上去了。"[1] "常人"走马观花般地穿梭于世界。因而海德格尔谈到了"被打散了的非逗留状态"或者"无居留状态"。

海德格尔早就认识到，存在之空洞和生命过程的加速携手同行。在 1929—1930 年的讲授课中他这样讲道："为何我们给自身找不出意义，也就是说找不出存在的本质可能性？是因为从一切事物之中赫然出现了一种我们不知晓其缘由、于我们而言的漠然无关

1　马丁·海德格尔:《存在与时间》，第 347 页。

性吗？可是在国际交流、技术、经济把人类拉扯过去，并把人类置于它们的运行之中的地方，谁还会那样讲呢？"[1] 海德格尔将那种普遍的忙乱现象归结为这样一种无能：无法体会止息、悠远和从容。持续性在哪里空缺出来，加速作为单纯的量的攀升就出现在哪里，从而得以弥补持续性上的空缺，甚或就是存在上的空缺："急促……在隐秘的生长之平静状态之中无法忍受……单纯数量上的攀升，以及面对并非是转瞬即逝的，而是开辟出永恒的真实瞬间的盲目。"[2]

海德格尔的时间哲学是与他的时代联系在一起的。他的一些比如针对持续的时间困境、针对他的时代的时间批判性言论都是如此："为何我们没有时间？在何种意义上我们不想失去时间？因为我们还需要时

---

1 马丁·海德格尔：《形而上学的基本概念：世界—有终性—孤独》全集版，第 29/30 卷，法兰克福，美因河畔，1983 年，第 115 页。下文此书出处均同此处。

2 马丁·海德格尔：《哲学文集》全集版，第 65 卷，法兰克福，美因河畔，1989 年，第 121 页。

间，并且想利用时间。是为了什么？为了我们的那些
日常事务——我们已沦为它们的奴隶很久了。……这一
没有时间的状态在最后就是自身的一种丧失，这种损
失比那放任时间的时间挥霍还要大。"[1]"此在中本
质性的东西"被召引出来——那是"任何忙碌和急促
都不能使之受到压迫"的。那"本真的"生存是"缓
慢的"。海德格尔明确地批评"现代"[2]，那种通过
点状现时和不连续性而标识出来的现代生存。作为现
代的代表性现象的"常人"只注意到狭隘的针尖式现
实。因而他从一个现时匆忙赶向另一个现时。

时间的溃崩将此在的自身认同也纳入其中。此在
被"打散""进各式各样的日常所'发生'的那些事

1　马丁·海德格尔：《形而上学的基本概念》，第 195 页。

2　请参阅马丁·海德格尔：《存在与时间》，第 391 页，"在对下一个新事物的期望之中他（即常人）也就已经忘却了旧有之物。……非本真的历史性生存……寻觅着，负载着对它自身而言变得无法辨认的'过往'的遗产，即现代性。"

情。"¹它"消失"于"今天的当下化"之中。由此它丧失了它自身的连续性。匆忙的时代是"消散"的时代。因而就唤醒出这一需求——"从消散和无关联之中"将自身"拢合起来"。不过叙事上的同一性却只产生出一种关联。海德格尔的同一性方略则与之相反，它旨在获取一种"原初的、不会丧失掉的、不需要一种关联的整个生存之可被延续的状态"²，亦即一种"可被延续起来的独立性……在此之中，此在作为命运将诞生、死亡以及它们的'之间''纳进'其生存之中"。"整个命运攸关的可被延续性"亦即"历史"，不只是建构起一种关联的叙事。它绝非任何在叙事上可被制造出来的图景，而是一种前叙事性的构架，此构架涵括"诞生、死亡和它们的'之间'"。在它自身认同之叙事性建构这一边，此在自身确证了

1　马丁·海德格尔：《存在与时间》，第389页。

2　马丁·海德格尔：《存在与时间》，第390页。

它自己。海德格尔的时间方略和自身认同方略是对他那时代叙事性危机的一个回应。它所表达出的一种自身认同，在一种普遍的去叙事化时代里，还会是可能的。

　　构成《存在与时间》之基础的是时间限定下的洞见：历史的重要意义的丧失使时间瓦解成孤立事件加速更替；时间由于缺乏意义上的重力和锚定，便永不停息地、没有目的地匆忙奔去。海德格尔的时间方略即在于这一点，重新让时间有所依止，给它一种重要意义、一个新的支点，将时间重新绷到历史进程中，这样它就不会溃散成一种意义空洞的、加速的事件接替序列。面对历史所迫近的终结，海德格尔着力召唤历史。但他大概知道，那重新让时间正常起来的引力，历史意义，是不会有神学的或目的论的本质。所以他偏离到一种生存论上的历史概念上。历史性的牵引力现在就以对自身的强调为出发点。海德格尔使时间视域交合于这一自身之上，以此方式他把时间拢摄起来。作为有方向性的时间的历史就使时间免于溃崩，即避免溃散成诸点状现时的单纯顺次交替。在这里，方向产生出这一自身。"自身的持久性"，本真历史性的实质是那不消逝的持续性。它并不流逝掉。可以说，本真的生存者总是有时间。他因此一直就具有时间，因为自身就是时间。他绝不丧失什么时间，因为他并不丧失自己："正如非本真的生存者持续地丧失时间并且从未'有'过这么一个时间，本真生存的时间特征就是，它在决断中从未丧失时间并且'一直具有时间'。"[1] 与之相反，短促的时间则是非本真生存的一个症状。此在在其非本真生存中丧失他的时间，因为他自己丧失于世界："劳劳碌碌地把自己丧失于所操劳之物，那非决断着于此丧失着他的时间。由此就

---

1 马丁·海德格尔：《存在与时间》，第410页。

有了那对他而言是一种有代表性的说法：'我没有什么时间。'"终究而言，海德格尔的时间方略正在于这一点上，即要将"我没有时间"转化成"我一直都是有时间的"。这一方略是一种持续性的方略，一种重建对时间的统治地位的尝试，确切地说，是借力于自身生存上的鼓动。

在晚期的作品中，海德格尔愈加远离历史的时间模式。历史之所在的地方出现季节和其他重复性的形象："在季节变换的田野上，空气怡人，气息明朗，生机勃勃……在其小径之上，冬日风暴和丰收吉日相遇，春季的积极萌生和秋季的泰然寂灭相聚，少年的嬉戏和老者的睿智互相观望。然而在唯一的一种协奏之中——田野小路默默地负载着此中的回响来来去去——所有的一切都朗然得解。"[1]四季之"默然的谐音"

---

1 马丁·海德格尔："田野小路"，出自全集第13卷，《哲学：思的经验》，法兰克福，美因河畔，1983年，第87—90页，此处为第90页。下文此书出处均同此处。

和此中之回响延续着，在"来来去去"当中自身更新着，暗示出一种持续性。世界是一种在自身中舞动着的音域，在其中没有什么消退或逝去。这一"聚结起来的嬉戏"并不为消逝、散除付出任何代价，它造就一种被充实的持续性："在秋日的寒凉里，夏季的热火完结于那清朗之中。……秋凉的那一清朗——它在自身中就蕴涵着夏季，每年都以其聚合着的嬉戏游荡于这一田间路左右。"[1]

海德格尔一再地援引来来去去这一形象。它是历史时间的一种对立形象。在来来去去之中时间好像停止下来。这就出现了一种持续性。海德格尔的诗篇《时间》写道："多远？/ 只有当它停下来时，时钟，/ 在来来回回的摆动中，你听：它走着，曾走着，不再走。/ 天已晚时钟，/ 只有时光的苍白踪迹，/ 这踪迹，

---

1 马丁·海德格尔：《田间路对话集》全集，第77卷，法兰克福，美因河畔，1995年，第4页。

接近于有终性，／从中出现。"[1] 这一"来来去去"造
成了循环转换之中的持续性。海德格尔的《田间路》
就像一个钟摆一样被构造起来。《田间路》以这样的
话语开篇："路从庭院门扉伸向芦苇荡。"在文章末
尾是这样的："自那芦苇荡处道路折回到了庭院门扉。"
他的来来去去使田间路成了一幅重复与汇集的图画。
没有什么行离，无须返回。就像在回声中一样，所有
的往去都被此来接住。这一来来去去也在孩童的游戏
中得到反映："男孩儿们用橡树皮切制成他们的船舰，
这些配备着坐板和船舵的船只在小溪或者校园水井里
漂浮着。这些游戏的世界之旅很轻松地就到达目的地
并重返此岸。"没有什么丧失于那种未被规定之中，
并且没有什么降命于那些变化。田间路是一种静谧的
永恒返复之地。一切都总是被汇集着的："就道路而

1　马丁·海德格尔：《哲学：思的经验》，第 221 页。

言具有其本质的，它都筹集起来并将属于它的传至每一个向它而来的。"一切都稳居于不受时间限制的有效的本质之中，稳居于一种永恒的现时之中。田间路的这一来来去去将世界平息于此"自身"之中。在它那来来去去的钟摆当中，世界绽出了。田间路代表着一种明确地被划定着的、在自身内部回荡着的持续性世界。一切都处于清楚明了的秩序所具有的素洁光亮之中。没有什么不被母亲的眼睛和手所关注："母亲的眼睛和手划定出你们（也就是诸物）的王国。这就像是它未言明地操心照顾着一切存在物。"

田间路并不追求什么目标。它更多的是凝思着稳居于自身之中。它让一种凝思之道的形象得以鲜活起来。这种来来去去将其从目标中解放出来，而并未使之遭受一种破坏性的消散。在其中存在着一种固有的汇集。他并不离散，而是逗留着。它让那一被规划着的、奋力索求着的劳作时间止息于一种持续当中。作为凝思者的逗留之地它象征着一种栖居，此栖居并不需要什么目标、目的，它没有神学和目的论也行得通。

世界是一个"天与地、诸神与有死者"的"圆圈舞"。这"圆圈舞"也是一种时间形式，一种在自身之中的永恒回旋。它阻止任何一种时空上的消散。一切都总是在世界之"环"中被汇集着，都总是处在"它纯真的光亮"下。"天"也是一种在自身之中的无时间限定的回旋，一种永恒的起起伏伏。它是"日月升落的道路，是星辰闪耀的光辉，是年岁四季，是一日的破晓与落暮，是夜晚的沉暗与亮洁，是天气的晴好与糟劣，是苍穹的乌云弥漫和湛蓝幽深"。世界之严格对称的构造在时间层面上造成了一种静止下来的时间印象。世界的对称性——这对称性意味着一种不可动摇的、总是保持不变的秩序——延伸到那语言之中。海德格尔的确是以特殊的语言形象强调它。海德格尔的哲学的构成不仅来自论证，而且以成问题的方式构

成一些诗句。比方说，有意地被置入进来的一些句法
和押韵结构造成对一种永恒有效秩序的这一感受。这
美好、对称的世界秩序就作为一首诗歌中的"十字叉"
而被召引进来，而这首诗并不是偶然地由两节对称的
并且各由四行诗句组成的诗段构成。"它那纯真的光
辉"完结于"雨水流淌 / 福运盘想"的有节律的光辉
之中：

　　森林安驻
　　溪流奔涌
　　岩石持留
　　雨水流淌

　　田野静候
　　泉水涨出
　　风儿稳居
　　福运盘想。[1]

1　马丁·海德格尔：《哲学：思的经验》，第86页。

橡木的气味

为何人们从未创出一个缓慢之神？

存在一些持久的东西。

彼得·汉德克

　　普遍的生命进程的加速夺去人的凝思能力。因
此，那些只有在一种凝思性逗留那里才放显出自身的
事情，对人保持封闭状态。加速绝非原初的事发——
它是事后性地导致了凝思生命的丧失。加速与凝思生
命之丧失二者间的关系其实是复杂的。恰就是凝思着
去逗留这一能力的丧失，才可能造成一种逃逸力量，
后者导致一种普遍的仓忙与消散。不仅是生命进程的
加速，凝思能力的丧失最终都要追溯到那一历史情势
之上，在其中这样的信仰给弄丢了——事物出于自身
而存在于此并在它们的如此存在之中永恒地留驻着。
世界的一种普遍性的去事实化夺走了那些事物身上的
每一种己身光芒、每一种己身重量，并将它们贬抑为
可生产的对象物。除掉了空间性的和时间性的限定，
它们现在是可制造、可生产的了。事实性让位于生产。
存在成为去事实化的过程。

　　海德格尔在现代技术中看出了这一危险，即存在

去事实化为可导控、可计划的进程。海德格尔的存在

正是这一进程的对立形象。前行意味着不断地改变。

然而存在并不前行。它更多的是在自身之中摆动，并

在"自己"之中逗留。此中也存在一种事实性："那

简单的东西保存着持续性与宏大的秘密。它直接地回

到人身上，且还需要一种长期的兴起进展。在始终如

一的不显眼之中隐藏着存在的恩赐。"进程朝向一个

目标前行。它的功能性神学使得加速变得富有意义。

目标得以实现得越快，过程就越发有效率。加速是那

一纯粹功能性进程所固有的。因而那种只认识计算程

序的过程执行者受到一种加速的压力。他让自身任意

加速起来，因为他不具有任何本己的意义结构，任何

本己的节奏，因为他让自己降身为一种单纯的功能性

效率，它将每一种延缓记作干扰。计算机不会犹豫。

单纯的计算作为一种劳动绝不允许任何逗留的时间性

结构化，从前行的视角来看逗留只可能是一种应当尽

可能快地被消除的停滞状态。休止顶多是一种休息，按计算劳动的效率而言，它不具有任何意义。因此海德格尔写道：“急促和惊异……那一个使自己处在计算中。/ 这一个来自不可预料的。/ 那一个遵从计划。/ 这一个寻求一种逗留。”[1]

　　凝思性的逗留以持存着的事物为前提。在快速的连续接替性事件或画面那里作长久的逗留是不可能的。海德格尔的“事物”满足了这一前提。它是一种持续的处所。有意思的是，海德格尔也以及物动词的方式在汇集的意义上使用“逗留”这个动词。人们可以在事物那里逗留，因为他们汇集持续的世界着关联。及物的世界之汇集使得在诸事物那里不及物的逗留成为可能：“事物持存着。它持存着，它汇集大地与天空，永恒之神与会死之人；事物逗留着而将远异之地的四

1　马丁·海德格尔：《哲学：思的经验》，第 153 页。

者相互接近起来。"[1] 大地是"建造着的负载者，养活着的生长果实者，它护持着的水流与岩石，草木与活物"。天空是"日月升落的道路，是星辰闪耀的光辉，是年岁四季，是一日的破晓与落暮，是夜晚的沉暗与亮洁，是天气的晴好与糟劣，是苍穹的乌云弥漫和湛蓝幽深"。它们是世界永恒有效的坐标，映现于诸事物之上，要为人的居住给出一种"缓慢与持稳""树木以此生长"。[2] 海德格尔的家园与"土生土长"的哲学试图为人的长时间陷入动摇之中，甚或是面临消逝的停居稳定根基。

海德格尔的物完全从耗损与消费中脱身而开。它是一种凝思状逗留的处所。对于海德格尔而言，罐作为物的例子，使得在这世上的停居[3]成为可能。海德

---

1 马丁·海德格尔：《演讲与论文集》，法兰克福，美因河畔，1983年，第179页。下文此书出处均同此处。

2 马丁·海德格尔：《哲学：思的经验》法兰克福，美因河畔，1983年，第88页。

3 停居原文单词 Aufenthalt 是个复合词，作者单独将后缀 halt 打斜，意在强调停居自身是停于支撑之上的，或使什么撑起来而稳居于此。

格尔正好举出罐作为物的例子，这必定绝非偶然。罐是一种容器。它给它的内容物一个支撑，这样就没有什么消逝或者流逝掉。海德格尔运用罐的特殊属性来展示，物到底是什么。[1]

海德格尔将"居住"这个词定义为"停居于诸事物处"。[2]他也可以这样讲：在事物那里逗留。但是对于停居而言一个支撑是必要的："较之一切的准则设立而言更为根本的是，要停居的人领受到存在的真理。只有这一停居才提供可支撑的经验。……'支撑'在我们的语言中意味着'守护'。存在是守护，它在人的绽出本质中以这样的方式照看着人趋向它的真

---

1 海德格尔的思考是以成疑的方式依赖于对例子的选择或者依赖于诸如韵律、发音或者词源学。如果人们在这一层面上进入他的思考，他的思考就会显得特别不坚实，因而很容易受到解构。"罐"的例子较之于例如一个"壶"，同样也是因为它的语言上的特性而更适合于明示物的理论或神学。在语音的层面上，"罐（Krug）"（位于词尾的闭合辅音以及居中的一个闭合元音）这个词就显示出一种一体性，这在"壶（Kanne）"（一个开口元音以及特别是词尾还有一个元音）这个词那里是缺乏的。"罐"这个词由于其一体性也确实是密实的。此外"壶（Kanne）"的词源（拉丁语，canna，也就是Kanal管道）相反于罐，没有表现出任何支撑。这个词其实更多地指向流走或者流逝。罐（Krug）不仅在语言层面，也在构形层面上起效，它相比于壶（Kanne）向顶上去通常变得更窄、更闭合。此外，像"满的壶"这样的用语夺去了这个词任何凝思式的对于海德格尔晚期的哲学具有实质性意义的静谧与泰然处之。

2 马丁·海德格尔：《演讲与论文集》，第153页。

理……"没有存在，人是没有支撑和保护的。只有支
撑才能够放缓时间，孕育出这一可支撑者。没有支撑
就会产生出时间的一种向前撕扯，时间上的堤坝溃解。
时间向前冲去。加速最终归结为无支撑状态，无停居
状态，归结为支撑的匮乏。被加速了的片段系列与事
件系列作为当今世界的行进方式，是支撑匮乏的表达。
生命世界的普遍加速只是一种症状，此症状有一种植
根更深的缘由。减速或者放松技术不能阻止时间向前
冲撞。它没有根除缘由。

　　世界原本在很大程度上是由那些通过人类特意制
造出来的事物或者秩序组成的。而海德格尔的世界则
总是在人类的任何影响介入之前就已经被给出来，是
预先给定的。这一在先的总是-已经构成了它的事实
性。它是一种赠礼，脱离了任何人类的把捉。它是一
种永恒归复的世界。当现代技术使人类愈加远离地面、
远离大地并与此同时也从二者的束缚之下解脱时，海

德格尔坚持于"土生土长"。海德格尔对每一去事实化，每一世界之生产形式——人类终究要将其长存归功于此——都持怀疑态度。面对被去事实化为可操控并且可制造的过程的世界，海德格尔召唤"不可造之物"或者"隐秘"。

海德格尔使用保藏作为要促引成一种持续的时间策略。海德格尔如此写道，人是"他的起源的顺从者"。[1]只有那"悠久的起源"才使得人成为"有家的"。"年长"是"明智"。因此他反对现代之皱缩着的现时，在其中没有什么得以流传下来，一切都很快地老化。"明智"立足于连续性和持续性。在海德格尔的世界中由一种不变的秩序统治着，它接纳、继承和归复着。"那不变者"处于求新的压迫之中。

属于事实性的是一种被动性，它在诸如让自身被

---

1 马丁·海德格尔:《哲学:思的经验》，第89页。

关涉着、被抛着、被召唤着这些用语中得以表达。被关涉之被动性与行进之主动性是相对立的。海德格尔有针对性地将其置入进来以对抗世界的去事实化。海德格尔的物也通过使人成为被物定着的将人置于一种被动性之中。作为被物而定者，人逗留在诸物那里。物不是臣服于生产过程的产品。面对人，物获得一种自主权，一种权威。它代表着世界的沉重，该沉重是人要去接纳的沉重，是人要去接合的沉重。面对限定着的物，人必须放弃将自身升格为不受限者。

上帝代表着"不可制造者"，他脱离于人的干涉。它是全然的非限定者。去事实化，世界之全面生产使世界成为完全无神的了。"贫乏的时间"是一种没有上帝的时间。人必须要保持为一种被有物所定者，一种将死之命。一种放肆 [1]，一种人类的"事举"可能

---

1 原文 Frevel，有蛮横的、放肆的意思，同时有罪恶、亵渎的意思。

是尝试废除死亡。这最终可能就等于是一种对上帝的废除。海德格尔曾保持为痛苦的人，一个痛苦的思考者。仅只痛苦的人才有可能获取"永恒"的芳香。或许海德格尔会说，死亡的废除意味着人类的终结，面对着不死，人须得重新发明自身。

海德格尔的"存在"有一种时间上的视角："停留，延续，一直延续……是'存在'一词的古老含义。"[1]仅仅存在容许逗留，因为它停留并延续。匆忙和加速的时代因此是一种存在之遗忘的时代。《田间路》也不断地引出持续与缓慢："在城堡背后，耸立着圣马丁教堂之塔顶。十一次钟声缓慢地，几乎是踌躇地消

1　马丁·海德格尔：《充足理由律》全集，第 10 卷，法兰克福，美因河畔，1997 年，第 186 页。下文此书出处均同此处。

逝在夜间。"[1] 诸如"踌躇""等待""忍耐"[2]，这些时间上的形象要去创建一种脱离任何一种可支配的现时的积极关系。这些形象不表达任何褫夺状态。更少之更多更确切地凸显出了它们。等待并不盘算着什么特定之物。它其实标识着一种对脱离任何计算形式的事物的一种关系。踌躇也并不意味着什么观望未决。它是一种对于脱离任何决断性把捉之事物的一种关系。确切地说，它是积极地"进入自行抽离"[3]。对不可制造之物的畏惧之缓慢性使其有了生气。思想者在这一"进入通风之中"得耐心等待，而不是逃到"背

1　马丁·海德格尔：《哲学：思的经验》，第 90 页。

2　除了与海德格尔之间的一切区别，莱维纳斯将他的"他者形而上学"奠基于那一种时间操示，它对海德格尔的思想而言也是典型的。也就是说，他援引和海德格尔相同的时间形象："被动的时间综合，忍耐，是没有被期待着的目标的等待，是等待，它通过那些特定的期待，以及通过在一种举措和一种预先行动着的把握的测量之后的期待的实现，被麻醉。时间作为等待──忍耐，它比所有关联于行动的被动性都更为被动──等待着那被认捉摸的。"（伊曼努尔·莱维纳斯《当上帝被想到时》，弗莱堡 / 慕尼黑，1985，第 92 页。）这一不可捉摸者作为他者，脱离了任何一种占有，任何一种去当下化，在时间上被移居于未来之中："……未来是这个，它没有被把握到，它在我们身上陡然而降，并攫住了我们。未来，这是另外的。"（伊曼努尔·莱维纳斯：《时间与他者》，汉堡，1984，第 48 页。）

3　马丁·海德格尔：《何谓思考？》，图宾根，1984，第 52 页。

风面"。

"贫乏的时间"是一种没有芳香的时间。在它那里缺乏经过长远的时间产生出的一些稳定的联结的持续者。海德格尔过量地使用"长久"或"缓慢"这个表达。那些"未来"之物是真理的那些"缓慢的、从长的奠基者"[1]，真理以那久长的缓慢之心魄，在一种等待着的、忍耐之决心中"，探究那"无法揣测者之缓慢的征兆"。橡木的气味正好就代表着长久与缓慢的气味。通过创建一种有意义的田间路，散发着"永恒者"的香味。但海德格尔的"意义"是非目的论的，是非视角性的。意义不受控于要去实现的目标或者目的。它是没有方向的。它并不是叙事性的或者线性结构化了的。它就像是关涉一种环转着的意义，这意义将自己深化至存在。海德格尔的思想很果断地作出了

1　马丁·海德格尔：《哲学献文》，第395页。

从意义到存在的转变。加速只有根据一个目标才是有意义的。与之相反，那些没有方向的、在自身中冲摆着的或者充满着的，并非是什么目的论，也不是什么过程，它不造成任何加速压力。

　　海德格尔的上帝护持这"永恒"，这"持留着的以及宏大者的秘密"。被抛状态和事实性标识出人与上帝的关系。每一种人类的"事举"都让人类对于上帝的语言变得听觉迟钝。上帝的语言消沉在"器械的噪声之中，他们几乎把器械当成上帝"[1]。上帝探寻那一"声音"，当技术性器械被关停时它就产生出来。加速着的器械的时间，将世界以及事物从其本己时间中拖裂开来。海德格尔的思想归根到底是要反对从归复和再生产到制造和生产的历史性转向，反对从被抛状态和事实性到自由和自作主张的转向。上帝是那一

1　马丁·海德格尔:《哲学: 思的经验》，第 89 页。

管判者，它把意义与秩序构架压印在永恒有效性的印章上。它代表着重复与自身认同。不存在变化与差异的上帝。上帝使时间稳定下来。加速总还是要归结为上帝的死亡。世界的每一去事实化通过人类的据为己有而导致一种去时间化。只有当世界在其本己时间中得以保留下来时，就是安止之时，海德格尔相信，"田间路的慰问"作为上帝的语言变得可闻。只有在诸事物再次于"古老起源"的影响力中安止下来时，上帝才是上帝。通过世界与事物的本己时间，上帝将自身显示为缓慢性的上帝、家园的上帝。

无疑，晚期海德格尔在浪漫的美化之中召引回上古-前现代世界的状态，而人类的实质性的进展归结于对它们的克服。在对他的"土生土长"的与"家园"的神学而有的一切怀疑那里，他要在这个时候推出倾听，在此中他走向那长久与缓慢。事实上是有一些事情、形式或者波动，它们只有长久的、凝思性的目光才可获得，但对于劳动着的目光却保留为被遮蔽的。那精妙的、流逝的、不起眼的、隐微的、飘忽着的或者是回退着的事物，脱离于暴力的把控。

　　海德格尔走在另一种时间的路上，它绝非劳动时间[1]，而是一种长久与缓慢的时间，这时间使得逗留成为可能。劳动最终是喜欢掌控和吞获的。它消除了与事物的距离。凝思性目光则相反，它维护这距离。它将这距离持留于自身场域与自身光耀之中。它是一种友善的提示。海德格尔的话语可不只是一种日常智慧："放下并不拿走什么。放下施与着。它给淳朴者无可穷竭的力量。"[2]凝思性目光只在此条件下是禁欲的，当它放弃根除距离、放弃吞取时。在这一点上，阿多诺是靠近海德格尔的："长久的、凝思性的目光……

---

[1]　在后期海德格尔那里劳动所得到的是一种负面名声。海德格尔如此谈及"单只劳动的祸行，为了自己而被驱动，只是促成着虚无"。(马丁·海德格尔：《哲学：思的经验》，第89页及90页)。

[2]　马丁·海德格尔：《哲学：思的经验》，第90页。

总是这一目光，在此中对物体的渴求被打破、被反思。无暴力的观察——一切真理之幸事都来自此——与这一点相关联：观察者并不将对象予以吞取。"[1] 长久的、凝思性的目光在对诸事物的距离的一种护持中施展着，但却并不丢失对这些事物的近缘所在。它的场域的简明表达式是"就着距离的近缘"。[2]

1　特奥多·W.阿多诺《最低限度的道德，来自被损害的生活中的反思》全集，第4卷，第98页。

2　特奥多·W.阿多诺《最低限度的道德，来自被损害的生活中的反思》全集，第4卷，第98页。

深度的无聊

当我们忘却运行着的日期时：

还是有很多时代。

这就是时间。

当那些梦把门把手交到

我们手中时，

一个通向地狱之门，

另一个通向天堂之门：

还是有很多时代。

这就是时间……

彼得·汉德克

在革命当中，在那些戏剧性的事变中——这些事件滚滚而来，毕希纳笔下的丹东突然感受到一种深层无聊："卡米尔：快些，丹东，我们没时间啦！丹东（他穿上衣服）：但时间遗失了我们。总是先穿衬衣再套上裤子，晚上上床早上再爬出来，一脚总是这样放到另一只脚前面，这非常无聊；但生活似乎应该是这个样子。"革命的时代，行动果敢的人作为这个时代的主体而出场，以悖谬的方式遭受一种深层无聊的侵扰。自由的行动主体的积极作为的决心显然没有释放出任何强有力的束缚能。而该束缚能会使一种被充实时间经验成为可能。因此，卡米尔渴望重返往日时光："这些普遍的固常观念——人们名之为健康的理性，令人难以忍受的无聊。最为幸运的人是这样的，他能够想象出，他是上帝、圣父、圣子以及生灵。"

　　并不是一种无事件的[1]时代才让深层无聊出场。正
是历史与革命的时代——它充斥着事变——但它从持续
与重复状态中掉落出来——很容易感到无聊。每一细
微的重复在这里都被认为是单调的。无聊并非果决行
为的反面。毋宁说它们彼此互为条件。正是要去积极
作为决断深化着无聊感。因此，革命者丹东在强有力
的行动当中觉得被时代抛弃了。真正的时代困境不在
于人们丧失时间，而在于"时间遗失我们"。时间自
己掏空自身。或者说从它出发没任何束约着的和汇集
着的重心。无聊归根结底要追溯至时间的空洞。时间
不再充实。仅只行动主体的自由创造不出任何时间上
的重心。在他的行为冲动未占有什么新的对象之时，
产生一种空洞的间歇，这间歇使人感到无聊。充实的

1　德文 Ereignislos 是名词 Ereignis 的形容词衍生形式。在海德格尔的存在论哲学里，Ereignis
包含自我了断的意思，德语直译为"事件"，更确切地说是关乎生命的大事件，类似于性命攸关、
转天换地的某种中性事变；学术界关于此术语的针对性翻译争议颇多，本译文权作直译，部
分地灵活意译为"事变"；建议读者结合上下文理解"事件（Ereignis）"一词。——译者注

时间必定不会是充满事件、变化多端的。它是一种持续的时间。在这里重复不会特意地作为重复而被觉知到。只有在持续性之溃塌后它才变成是主题性的，并且是成问题的。因而，每一日常重复都折磨着革命者丹东。

在海德格尔 1929—1930 年的宣讲课中，他追问那一调化[1]着今天的基调，这基调"从根本上调谐着我们"[2]。起先他相信是一种热忱的努力——能够确定新的自我定调。"今日的人"依此而努力着——要赋予自身一种角色、一种意谓、一种价值。正是在这一要为自己构想出一种意谓的过度紧绷的努力中，海德格尔发现了深层无聊的征兆："为何我们给自己找不到什么意谓，也即再找不到存在的本质之可能性？……最终在我们这里有的就是这样：在此在的那些深堕中，

1　动词 bestimmen 的通常含义是"决定"。——译者注

2　马丁·海德格尔：《形而上学的基本概念》，第 103 页。

深层次的无聊像沉寂的烟雾一样飘来荡去？"[1]海德格尔将深层无聊指示为当今的这个时间标识。无聊被追溯至这一点上：存在者在整体中抽离自身。存在者的这个抽离留下了"整体中的一种空洞"。此在和存在者没有任何有意义的关联。一种完全的无所谓袭摄存在者。没有什么系住他的注意力。所有的"行动和放弃的可能性"都从他那儿滑脱开。这里存在"整体困境"[2]。在存在者于整体中自身抽离的地方，时间也掏空自身。无聊彻底改变了时间感知："所有的存在者无一例外地与我们相脱离，在每一方面，即我们所看过去的所有的存在者……在每一顾视里，即所有的我们把它们作为曾是的、已成的和过往的回视着的存在者……在每一预见里，即所有的我们把它们作为

1　马丁·海德格尔：《形而上学的基本概念》，第 115 页。

2　马丁·海德格尔：《形而上学的基本概念》，第 244 页。

未来的瞄望着的存在者……"[1]对存在者的这三种观视转化成时间上的表达就是：过去（回视）、现时（面向）以及未来（瞄望）。在深层无聊中，此在和存在者没有任何时间上的关联。然而，意义就是关系。因此深层无聊就被经验为一种完全的意义空洞。后者归根结底是时间之空洞。在对存在者的时间上的观视不可能的地方，就会有时间的一种无定性操作或者计量。这样，每一让时间显现为有意义的时间上的表达就还是失败的。

存在者在整体上的瘫坏——海德格尔这样认为——同时就是一种"言说"。在深层无聊中，所有的"行动和放弃的可能性"之沉离让那些此在可能会有的行为可能性"逐渐显明起来"，但这些可能性在这一"对一个人而言是无聊的"之中荒弃着。[2]瘫坏中的"报告"

1　马丁·海德格尔：《形而上学的基本概念》，第218页。

2　马丁·海德格尔：《形而上学的基本概念》，第212页。

现作一种"呼唤",它召唤此在去清楚明了地把握自身:"此在的解放自身向来仅当如此之时发生,当它决心去向自己本身之时……不过只要此在是在存在者当中……这此在只当此之时才能决心,即当它决心在……他自身之被选择了的本质可能性之中于此地此时去行为。但此在的向自己本身的这一自身决定……是眼下瞬间"[1]拯救着的眼下瞬间,是"果决的目光"[2],是向着"此地此时之行为"下定了决心的此在之目光。这一英勇的行动决心——在其中此在特意把握自己本身,海德格尔相信它有打破深层无聊之魔力的力量。在他的 1929—1930 年宣讲课中海德格尔认定,仅仅是去行动的决心能够去掉存在空洞,也就是时间空洞。他还没有认识到这一点,正是对行动的强调,积极行动的决心,以及开启的自由造成了时间空洞,也即造

---

1 马丁·海德格尔:《形而上学的基本概念》,第 223 页。

2 马丁·海德格尔:《形而上学的基本概念》,第 226 页。

成了这一点：时间再也无法促引成任何被充实的持续。

在 1929—1930 年的宣讲课中海德格尔虽然指出了这一点："有长久的时间"，在阿雷曼语中有"乡思、想家"的意思，长久的无聊依此而言是去往家园。[1]但在这一讲座中海德格尔并没有进一步深入探究无聊与思乡之间被假定了的近缘关系。并且他还没认识到，决心去行动的此在之主体性不能促成什么家园，它恰好意味着家园的终结。30 年后海德格尔再次注意到深层无聊与思乡之间的近缘性："它（即家园）还存在着，并关系到我们，但却是作为被寻访的家园。因为也许就是那很少被注意到的深层无聊的基调，是它将我们卷入到全部的时间消磨中去。奇异的、挑动着的、蛊惑着的，每天都在异乡他地供给我们时间消磨。此外还有：这一深层无聊——以寻求时间消磨的形式——有

---

1 马丁·海德格尔：《形而上学的基本概念》，第120页。

可能是隐蔽的、不被承认的、被推掉的，但却是无可避免的家园之路：这隐藏着的乡思。"[1]时间遗失了持续性、悠长以及缓慢。因为它没有持续地约束注意力，这就形成了空洞的间歇，而该间歇必须以急剧变化性的和挑动性的东西加以克服。因此，随无聊而来的是"寻求那令人惊奇的、总是直接地并且变换着花样吸引人的以及惊动性的（事物）"。被充实的持续让位于"不停地富有创意地奔闹的不安状态"。海德格尔不再将深层次无聊与去行动的决断心对立起来。他现在理解到了，"下定决心的目光"对于长久和缓慢，对于时间飘香的持久性而言，目光太短浅；正就是那被过分抬高了的主体性才使深层无聊得以可能；并不再是在自身上，而是在世界上，不是在行动上，而是在逗留上，无聊的魔力才能够被破除。

1　马丁·海德格尔:《家园晚会致辞》，梅斯基尔希市 700 周年，梅斯基尔希，1962 年，第 13 页。

　　无聊统治着主体与世界、自由与事实、行动与存在之间的变得越来越大的裂缝。下定决心要去行动的此在不再能认识生成环抱或者生成接取的感受。作为时间自身的"眼下瞬间"之尖点缺乏"家园"的宽域与长远，缺乏可去居住和逗留的场域。海德格尔的"家园"刻画的是先行于那行动主体的场域，是人将自己所托养为家的场域，这场域总是已经接取了积极行动着的自身。该场域是位居主体性之先的，而正是去行动的决心让此在从场域中滑离出去。深层无聊要归结到这一失落上。

　　在晚期海德格尔那里，对行动的强调被撤回，而重推对世界的另一种关系，即"泰然任之"。泰然任之是相对于"决心去行动"的一种对立活动，确切地说是一种"反向安定"[1]。泰然处之提供"给我们这

1　马丁·海德格尔:《林中路谈话集》，第153页。

一可能性，以一种完全不同的方式停居于此世。"[1]

像"犹豫不决""羞怯""克制"这些概念也是对行动之强调的一些对抗性转向。最终要为深层无聊负责的是这完全受控于"去行动之决心"的生活。泰然处之是过分抬高了的活动即积极生命的背面，积极生命缺乏任一种凝思形式。强作的行动主义获得的是生命的无聊感。深层无聊的魔力只有当此之时才会完全被打破，即当积极生命在它的关键鹄的上纳进凝思生命并重新为自身效劳。

---

1 马丁·海德格尔：《泰然任之》，普富林根，1959 年，第 26 页。

凝思生命

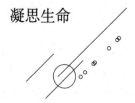

1. 清闲简史

我们有一张床，我们有一个孩子，
我的妻!
我们也有工作，两人一组，
有太阳、雨水和风儿。
我们只缺一件无关紧要的，
从而如此自由，像飞鸟一样: 只是时间。

里夏德·德摩尔 《劳工》

据说，海德格尔在关于亚里士多德的讲座开始时
说过: "亚里士多德出生，劳动，死亡。"[1]海德格
尔令人惊讶地将亚里士多德的生命刻画为劳动。海德
格尔肯定是知道的，一个哲学家的生活作为凝思的生

1　汉娜·阿伦特 / 马丁·海德格尔。《书信集》，1925—1975，法兰克福，美因河畔，2002 年，
第 184 页。

活是完全不同于劳动的。哲思作为凝思[1]在亚里士多德看来要归结于清闲[2]。希腊的清闲与"闲散无事"或者当今意义上的"自由自在"并不相干。它是一种没有强压与必需、没有劳累与操心的自由状态。劳动与之相反使人不自由，因为劳动处于生活必需的强压之下。与清闲相对立，劳动并不停留在自身中，因为它要去制造出有用的和必需的东西。

　　亚里士多德将生活划分成两个领域，即作为职业活动的非悠闲状态和悠闲状态，即不得安息的状态和安息状态。劳动作为不得安息、非自由须得从属于清闲。面对职业劳动，亚里士多德还将美与崇高安置于有用的和必需的东西之外，置于劳动之外[3]。只有困

1　原文 theorein，也即希腊文"θεωρεῖν"，英译作 to consider, speculate, look at，考虑、思索、看，并非指理论形式，而是一种生活方式、生命样态。"That particular way of life *(bios)* that receives its determination from *theorein* and devotes itself to it, the Greeks call *bios theoretikos*, the way of life of the beholder, the one who looks upon the pure shining-forth of what presences. In contrast to this, *bios praktikos* is the way of life that is dedicated to action and productivity."

2　原文 Schole，英译为 leisure, hence disputation (that for which leisure is used).

3　亚里士多德：《政治学》，第133页。

乏¹迫使人们去劳动，劳动因而是急需²的。清闲与之相反，其创造出一种远在生活必需之外的、非强迫的、无忧无虑的自由场域。人的生存之本质，若是按照亚里士多德的观点，并非是操心，而是清闲。凝思性安息具有绝对的优先性。所有的职业劳动都是为着这一安息而进行，并再次汇聚于它。

亚里士多德区分了自由人的三种生活方式：追求欲望的生活，在城邦中产生美好、崇高行为的生活，以及投身于真理之凝思性观察的生活³。它们都远离生计的必须以及生活的压力。致力于盈利的生活会由于它的强制性特征而被抛弃。政治生活也不适合共生

1　"困乏"在汉语里有劳倦的意思，亦有贫困窘迫的意思，此处主要是指因生活必需品匮乏而困顿不堪。

2　原文将形容词"notwendig"一词拆分凸显出名词性前缀"Not"与这一形容词词义之间的关联性意蕴，以示"必然性、急需的、迫切的"从根本上源自必需品的急缺之困境，客观地就有要去满足需求的行动迫力 ——"迫"便是用于强调一种客观的紧迫急需状态，这也意味着"notwendig"所关涉的生活方式自身并非是生命本己的本然可依居状态，不得安息。——译者注

3　亚里士多德：《尼古拉斯伦理学》，第1095b页。

的组织架构，因为这一生活从属于必需的和有用的事物。搞政治的人更多的是追求荣誉和美德。人们学会素描和彩画这些事物，也是因为它们能够促进观察身形美的能力。[1] 最高的幸福产生于凝思性地逗留在美好事物那里，这逗留以前被称作凝视。它的时间意义是持续。它专注于这些事物——它们是恒久不变的，它们完全在自身之中安息。既非美的，亦非聪慧的，而仅是凝思性的对真理的献身，将一个人带到诸神的近缘之中。

劳动连系着生活的生计所需。它并非自身目的，而是一种手段，一种必需的、用于困乏的生活手段。因此它与一个自由人的尊严并不相配。若是困乏让一个出身高贵的人去劳动，那么他必定会对此完全地予以遮掩，即他在劳动。劳动使得他不自由。清闲是一

1　亚里士多德：《尼古拉斯伦理学》，第 1338b 页。

种状态，它免除任何操劳、任何困乏、任何强压。在清闲之中人才是人。古代对清闲的理解是以此在之筹划为根基的，该筹划对于当今之人，对于完全被劳动、效率和生产所占去的世界而言，是不可通达的、无法理解的。古代的清闲文化，从有指导性的方面来看，让人去注意这一点：与当今世界完全不同的另外一种世界是可能存在的，它是这样一种世界，在其中，人的此在之基本特征并不是海德格尔所说的操心。构成海德格尔对亚里士多德生活之判词基础的劳动概念，是后来才出现的。该劳动概念植根于清教徒的生活筹划之中。它对亚里士多德而言完全是陌生的。海德格尔原本必当如此说："亚里士多德出生，不劳动，死去。"

清闲作为悠闲远离劳动并且处于无事劳作的状态。它是一种特殊的能力。必须通过特别的教育，人们才能拥有该能力。它绝非什么"松缓"或者"停歇"。

思考正是作为凝思、作为对真理的凝思性观察建基在清闲之上的。[1]同样，奥古斯丁也区分了清闲和被动的无所事事："在清闲中不允许有怠惰的放松，而是唤起研究或者揭示真理的乐趣。""对真知的追求"属于"清闲"。[2]不能清闲正是怠惰的一个标志。清闲与怠惰的无所事事并非彼此相近，而是彼此对立。清闲并不服务于耗散，而是服务于聚拢。逗留预设了意义的汇合。

在中世纪，凝思生命相较于积极生命还处于优先地位。托马斯·阿奎那如此写道："凝思的生命就是要比积极的生命好。"著名的祈祷和劳动[3]的格言表

---

1 康德也区分过"洞察力 (acumen)"和"知性运作"，前者是那特殊的精神感受性和精细的感性，后者是置于需求层面上的。洞察力不是什么跟随需求而来的劳动，而是一种"挥霍头脑的艺术"。（伊曼努尔·康德：实用人类学，学院版，第 7 卷，第 201 页。）精神不在劳动和事务中穷尽自身。它是像自然一样自身兴盛活跃着的，自然"似乎在它的繁花之中更多的是在进行游乐，相反，在果实当中则似乎是在展开事务"。认知由此而言是一种无压迫的、游乐着的思想之果实。单单困乏与劳动不能带来这些果实。

2 奥古斯丁：《上帝之城》，第 19 章 19 节。

3 中世纪本尼迪克特教团格言。

达的绝非是相对于凝思而提升劳动的价值。在中世纪，积极生命还完全为凝思生命所渗透。劳动从凝思中来获取它的意义。日子从祷告开始，以祷告结束。祷告使时间有了节奏。节假日有着完全不同的意义。它们并非是免却劳动的日子。作为祈祷和清闲的时间，它们有自身的意蕴。中世纪的日历并不单单用于计算日子。更多的是叙事构成它的基础，在叙事中，节假日形成叙事性的站点。它们是时间之流中的固定节点，将时间叙事性地连接起来，这样时间就不会流逝了。它们形成时间上的阶段，这些阶段划分时间并使之节奏化。它们像是一篇小说的一些章节那样起效。它们让时间，时间的流逝显得有意义起来。一篇小说的一个章节了结一个叙事性段落。先行的了结预备着下一叙事阶段。时间上的诸阶段是整个叙事曲张之内的一些富有意义的过渡。希望之时、欢乐之时以及离别之时相互转成。

在中世纪晚期，人们对于劳动的态度开始改变。比如在"乌托邦"中，托马斯·摩尔描绘出这样一个世界，在其中所有的人都劳动着。他的颠覆性的社会构想反对阶层区分，设想着一种公平的劳动分工。每个人每天只需要劳动六小时。在不从事劳动的时间，"乌托邦人"投身于清闲和凝思。劳动就其本身而言在这里却没有被抬高价值。只有在改革进行当中，劳动才被赋予一种意义，这种意义远远超出了生活必需品。它被放入到一种神学上的意义关联之中，此关联使其合法化并且抬升了其价值。在路德那里，劳动作为职业与上帝的呼唤和人结合在一起。劳动经由加尔文主义而获得一种救赎经济的意义。一个加尔文教徒就他是被选上的还是被摒弃的这一问题而言并不确定。因此一种忧惧，一种时常的担忧就占据着完全被抛向自身的个体的行为。唯有劳动上的成功被解释作被选中的标识。对救赎的忧虑使得人成为劳动的人。不停歇的劳动虽然不能（让自己直接地）获取救赎，但它却是确保自己被选中并由此消除忧惧的唯一手段。

加尔文主义中发展出一种对作为的强调，一种去行动的决心："宗教上的技能高手可以如此确保他的得救身份，他把自身感受成神权的容器或者是神权的工具。在第一种情形下它的宗教生活倾向为一种神秘的感觉文化，在后一种情形中则倾向为苦修作为。"[1] 加尔文教徒通过决断地去作为而设法得到他的救赎可靠性，不是凝思生命而是积极生命将寻求救赎者带向他的目标。只是去有所作为的决心，这一绝对化才让凝思生命作为无所作为的凝思显得是可鄙的。

新教的在世间苦修将劳动与救赎结合起来。劳动增添上帝的荣耀。它变成生活目标。马克斯·韦伯引用齐岑多夫（1700—1760 年）的话："人不单只是

1　马克斯·韦伯：《宗教社会学全集文章》第一卷，图宾根，1920 年，第 108 页。

劳动而活着，人还为了劳动而活着，当人没什么可劳动的时候，人就会痛苦或者逝去。"[1] 时间浪费是所有罪恶中最重的。不必要的长时间睡眠也被谴责。时间经济与救赎经济相互渗透。加尔文教徒巴克斯特写道："保持对时间的一种高度敬重感，每天都要更加小心，不要损失你的任何时间，这样你就没有丢失你的任何金银财富。如果空虚的消遣、穿着、宴会、闲散的谈天、无益的交游，或者睡觉，它们当中任何一种诱惑要夺走你的任何时间，你就要相应地提高警惕。"[2] 马克斯·韦伯在清教徒式的苦修中看到资本主义精神的前身。苦修也表现为导致资本形成的资本累积压力。安于财产并享受财富是可耻的。只有持续不断地追求更多收益，以此人们才能让自己为上帝所喜爱："在世间的清教式苦修……充满着力量对抗对

1　马克斯·韦伯：《宗教社会学全集文章》第一卷，第 171 页。

2　马克斯·韦伯：《宗教社会学全集文章》第一卷，第 168 页。

财产的无拘束的享受，它勒紧消费，尤其是奢侈品消费。同时，它将财物之获得在心理效用层面上从传统主义伦理的抑制中解脱出来。它不仅以合法化的方式，还……直接视之为上帝所意愿的，由此冲破利润追求的枷锁。"[1]

世俗化没有让救赎经济消失。后者在现代的资本主义中继续存活。仅仅物质贪欲解释不了那几乎丧失理智的赚钱活动。求取救赎构成（资本）积累压迫的基础。人们投资并期待以此谋取救赎。在此，求取救赎的内容是多种多样的。除了愿望之外，借助于作为流动时间的金钱之无限累积，而将无限多的时间作为这受限定的自己的生命予以支配，权力欲以此创造出扩增冲动与积累冲动。财富[2]（Vermögen）这个词已

1　马克斯·韦伯：《宗教社会学全集文章》第一卷，第 190 页。

2　德文 "Vermögen" 一词既有 "财富"，亦有 "能力" 的意思，此处指在资本积累时期财富就直接意味着生命所具能力的自我实现。

然是意味深长的了。在作为资本的财富上的增长也让
能力增长起来。对于马克思而言，金钱在这一点上是
威力无比的：它以去事实化的方式起着作用，它废除
被抛状态转而增益筹谋状态。它引起一种对被给予的
事实的普遍扬弃。它甚至扬弃了丑恶："那通过金钱
而为我所有的，那我能负担得起的或者说金钱能够买
得起的，这就是我了，这金钱本身的物主。金钱的力
量有多大，我的力量就有多大。金钱的诸多属性就是
我——它的物主——的属性和实质性力量。我所是的和
我所能够做到的，绝不是通过我的个体性而被决定下
来。我是丑陋的，但我能够买来最美丽的妻子，所以
我不是丑陋的。因为丑陋的影响力，它的能吓跑人的
力量通过金钱就被除掉了。"[1]

　　"工业"一词源于拉丁语的表达 industria，它

1　卡尔·马克思：《马克思恩格斯全集》，第40卷，第564页。

意指"勤奋"。英文词"industry"今天还有"勤奋"与"忙活"的意思。"工业院校"大概就可称作促进机构。工业化不仅意味着世界的机械化，还意味着对人的规训化。它不仅安置机械，还安置诸配置要素，这些要素对人进行深入肌肤的、时间节约和劳动经济方面的优化。菲利普·皮特·古登在1768年的一篇文章中，很有代表性地用了这个标题："工业政策，或者鼓励居民勤勉的那些办法的文章"。

作为机械化的工业化使人的时间接近于机械时间。工业上的配置是一种时间节约的命令，它须得将人按照机械的定调来塑造。它使得人的生活与机械劳动进程、运转相适应。受控于劳动的生活是一种积极生命，它完全从凝思生命那里脱离开来。人丧失了凝思能力，这样他就沉降为劳动的动物。使自身适应于机械劳动进程的生命只识得停顿、放下劳动的间歇，在此中人们从劳动中恢复过来，从而可以让自己再次完全受用于劳动进程。因而松缓和停歇绝非意味着对劳动的平衡性力量。从它们首要地服务于劳动能力之复原的方面来看，它们又重归于劳动。

所谓的休闲和消费社会就劳动而言并未带来什么实质性变化。它没有免除要去劳动的命令。压迫在此不再是出于生活之必需，而是来自劳动本身。汉娜·阿伦特错误地认定，劳动社会的鹄的就在于使人从生活必需品的"枷锁"中解脱出来。[1] 实际上劳动社会是这样一种社会，在此之中，劳动在结束生活之必需的阶段后，将自身独立化和绝对化成目标本身。劳动就以这样的方式被予以整体化，即在劳动之外的时间必须消磨和驱赶。劳动的整体化排挤其他的生活形式和生活筹划。它迫使精神自身去劳动。"精神劳动"是一种强制性用语。劳动着的精神是一种悖论。

1　汉娜·阿伦特：《积极生命或者有关行动的生命》，慕尼黑，1981年，第14页。下文此书出处均同此处。

消费和休闲社会揭示出一种特殊的时间性。盈余时间——它归功于一种大幅度的生产率之提升——被急促和突发的事件和体验所充斥。由于没有什么东西持久地系结时间，于是就形成这一印象——时间流逝得非常急促或者说一切都在加速。消费和持续性互为矛盾。消费品不持久。对于那些消费品而言，失效是它们的构成性要素。事物的流通和失效的循环在此变得越来越短促。资本主义增长要求的同时带来了这一情况，事物在越发短促的节奏中被生产和消耗。消费压迫内在于生存系统中。经济增长依赖于事物的急促的消费和消耗。当人们突然开始去护存事物，防止其失效，促使其成为一种持续事物之时，旨在增长的经济就会被完全牺牲掉。

在消费社会中人们荒废了逗留。消费对象不允许任何凝思性的逗留。它们被尽可能快地消费和消耗，从而使新产品和新需求的位置被创造出来。凝思性逗留预设持续着的事物。消费压迫却废除持续性。所谓的缓速也并不引发任何持续。就消费态度而言，慢食并不会与快餐有本质性的区别。事物本就是被耗用的。单单是减低下来的速度并不会改变事物的存在。真正的问题是，持续着的、长久的和缓慢的东西面临消失或者远离生活。诸如"踌躇""泰然自若""战战兢兢""等候"或者"压抑"这些存在方式也是凝思生命的形式，后期海德格尔将之与"单只劳动的无意义"[1]相对置。它们全部都建基在一种持续的经验之上。劳动的时间却没有持续性。它通过生产着的方式而耗用着时间，长久的和缓慢的东西却是脱离消费，它促引成一种持续。凝思生命是一种持续性的操示。它以打破劳动时间的方式而造就一种相异的时间。

---

1 马丁·海德格尔：《哲学：思的经验》，第89页。

2. 主奴辩证法

放心地写出来:

开端就是行动!

但不要忘却真正的重点:

开端是行动;

因为所有的更高的发展都为懒惰意志所引导。

格奥尔格·西美尔

劳动的价值重估 —— 它不仅导致劳动在新时期的绝对化，也导致其光荣化 —— 是一种非常复杂的、多层面的现象。劳动不仅可以是宗教性的，它也可以是权力经济的。马克斯·韦伯的宗教社会学忽略了权力学维度。劳动、资本、权力、宰治和解救之间的因果关系和转化关系极其复杂。救赎经济和权力经济相互渗透着。

　　从权力经济的视角来看，劳动的整体化可被描述为主奴辩证法的后果，不过这必须以完全不同于黑格尔的方式来讲述。众所周知，黑格尔用主奴辩证法来描述事关生死存亡的斗争，在斗争的开端处，作为奴隶的一方为作为主人的另一方劳动着。按黑格尔的论点，是对死亡的畏惧，把未来的奴隶带向对他者的臣服。相对于死亡，他宁可臣服。他紧紧抓住生命，然而主人要求的不止单纯的生命，确切地说，主人追求权力和自由。相反于奴隶，他不是将单纯的生命而是将他的自我设定为绝对的。他通过完全否认他者的方式来整体化自己本身。另一方——他现在是他的奴隶了——并不贬低他的（主人的）自我，他的权力，因为他将自身向主人臣服。主人延伸至奴隶身上。奴隶为了主人的自我放弃他的自我。因此，主人在奴隶那里就是完全在自己本身当中。这一自我的延伸构成了主人的权力和自由。

劳动的辩证法之作为权力辩证法在于这一点上：为了单纯地存活下去而承担压迫性劳动的奴隶，正是通过这一劳动，也获取了就他那一方面而言的自己本身，以及一种自由的观念。在作为事物制造的劳动中，奴隶通过塑造事物的方式强迫自然接受他的自我特殊标记。被制造出来的事物是他的自我的构成物。这样他将自身延伸到事物当中。他使自然臣服于自身，而自然起初是现身为阻碍的。他使自然就范于自身而以此打破阻碍。劳动促成奴隶获得权力和自由的表象，该表象与那单纯的生命相别，而为了存活，他曾使自身臣服于那个他者（主人）。劳动因此"构成"了他。劳动是培养意识的媒介，它使奴隶自由了。劳动帮助他获取自由的观念，而他在历史的进程中通过一种他不再避让的阶级斗争而必须对其予以实现。

黑格尔的主奴辩证法只从权力与主体性的视角来看待一切。这就是它的重大不足之处。单单权力也规定着与事物的关系。借助于工作，奴隶强制占有事物的独立自主的存在。他以劳动的方式去掉了事物的阻抗。那经由他为了享受而被加工过的事物为主人所消受。与事物的关系不仅对于主人而且对于奴隶而言都是否定[1]。不仅是劳动，还有消耗都否定（事物的）独立自主的存在。黑格尔的主奴辩证法作为权力辩证法忽略了劳动的一个非常重要的方面。奴隶通过单独地接受下那一累人的工作——这工作使他遭受事物的阻抗，他才得以让另一个对事物的关系在主人那里成为可能的。这一关系既非统御亦非加工。他得出了这样的洞见，权力或者否定不是对事物的唯一可能的关系。

　　劳动在黑格尔那里有核心的地位。并非是"神识"或者"游戏"，而是"否定性劳动"才是精神的步法。在科耶夫对黑格尔主奴辩证法的马克思式的阐释中，

1　德文"Negation"，在此译为否定，亦有否认的意思，即否认其定在的确定性。

他也将劳动提为教养和历史的主要媒介："人的这一创生性的培育通过劳动（教养）而创造出历史，也就是人的时间。劳动是时间……。"[1] 没有什么不会是任何劳动的时间。劳动就是时间。劳动培育意识并推进着历史。在此历史于眼下瞬间就了结了，在此之中，主奴之间的对立消失了。[2] 劳动是历史的动能。因而劳动奴隶跃升为历史进展的唯一主体。结果就是这样的，主人则相反地在一种无所事事的、缺乏生产力的自身一致之中僵化下来。因为奴隶是历史的唯一推动主体，历史的进程也只由他所规定。于此，他在所有他的发展阶段中总还是一个劳动者。劳动不会在任何历史瞬间超越自身。它无限地保持自身同一。在这里，劳动作为一种配置性要素出场，这一配置性要素以道德、

1　亚历山大·科耶夫：《黑格尔：他的思想的一种当下化》，法兰克福，美因河畔，1975 年，第 71 页。

2　亚历山大·科耶夫：《黑格尔：他的思想的一种当下化》，第 61 页。

经济或者宗教性的方式而显明。劳动奴隶将之有目的地列入计划，从而使这权力关系翻转为有利于他自身的。他的上升将这一配置要素完全提升为一种居支配地位的社会性配置要素。社会——在其中历史了结——与之相应的是一种劳动社会。在这样的社会里，每一个人劳动着，只是劳动着。劳动的整体化导致这一点，即随着历史的了结，所有人都变成劳动者。

亚里士多德区分了三种一个自由的人可以从中选择的生活方式。最高的生命形式是那凝思的生活，即一种献身于凝思的生活。由于主人完全把劳动丢给奴隶，他作为自由的人并不直接涉及事物的阻抗。这一自由使他能够获取一种完全不同的并不受劳动亦即加工和统御所规定的对世界之关系。对事物的凝思性的关系以一种免却劳动的自由为前提。它打破了时间，这时间是劳动。根据亚里士多德的看法，凝思的生命是神圣的，因为它从每一压迫和利害中解脱出来了。

就劳动的整体化而言，马克思完成了黑格尔的哲学理论。根据马克思的观点，不是思想而是劳动将人与动物区分开来。人不是理性动物，而是劳动动物。人就是劳动。马克思也从劳动出发阐释黑格尔的精神现象学："在黑格尔的现象学及其最终结果那里——否定性辩证法作为运动着的和创生着的原则——最伟大之处因此就是，黑格尔……抓住劳动的本质并将对象性的人——因为是真实的人——保持着，把握为他自身的劳动的结果。……黑格尔站在现代国家经济的立场上。他将劳动作为这一本质，即自身证实着的人的本质来理解……"[1]

马克思原也可以这样说：精神是劳动。黑格尔的精神就像他的奴隶一样处于一种劳动压迫之下。他是没有任何清闲与凝思的。劳动的配置要素将思想本身

1　卡尔·马克思：《马克思恩格斯全集》，第 40 卷，第 574 页。

包括进去，并作为一种思想配置要素出场。由于它原本适用于事物的统御，劳作着的思想就保持为一种统治思想。

奴隶虽然从主人的统治中解脱出来，但却付出了变成劳动的奴隶的代价。劳动的配置要素把一切都包括在内，不仅有主人还有奴隶。于是，就形成一种劳动社会，在其中所有人都是劳动奴隶。一切都必须是一种劳动。没有什么不会是任何劳动的时间。劳动的配置要素让时间本身劳动着。劳动要求一切为己的主动性与力量。它表现作独特的劳动。由于所有的行动的能量被劳动所吸收，在没有工作的时间中只可能是一种被动的消遣，在此中人们从劳动中恢复过来，从而能够以全部力量再次劳动。

劳动社会终究是一种压制性社会。劳动不使人自由。劳动的配置要素创造一种新的奴役。当意识仍旧为劳动配置要素所统御之时，黑格尔的主奴辩证法作为自由辩证法这么长时间以来并没有产生任何自由的社会。因此，意识的辩证教养历史在黑格尔那里并没有被彻底地思考。只有当意识自身从劳动命令中也解脱出来时，它才是完全自由的。劳动命令使自由的人的那一种生活形式，也即清闲形式完全消失掉了。劳作活动作为非安息被绝对化，非安息按照亚里士多德的观点必然完全从属于安息。安息与不得安息之间的关系如今完全颠倒过来了。安息现在是休养或松缓的时间，它出于作为劳动的职业活动之缘故而是必要的。

只要人们仍旧是劳动的奴隶，历史——按黑格尔的说法是一部自由的历史——就还没有完成。劳动之统治让人不自由。所有人变成劳动的奴隶，但主人与奴隶之间的对立并不能由此废除。对立只有当此之时才被消除，即奴隶自身在事实上转变成一个自由的人。只要积极生命没有将凝思生命纳入自身，那么它就仍是一种强迫性表达式。缺少任何凝思环节的积极生命，自身空洞成一种单纯的活动，它造成忙碌、无安息。

根据西美尔的看法，历史也不是在一种"充分劳务"的历史中，而是在一种清闲历史中走向了结："宇宙力量的那一游戏——这游戏被能量守恒的法则所操控，奔向一个终点：我们的研究者如此教导说，宇宙中所有的温度差异都会消失，所有的原子都将取得一种均衡态势，并且能量在均匀的分布中通过所有的存在物分散开来。然后，运动的时代结束了，永恒的宇宙懒惰王国开始了。宇宙的懒惰就是最后的、由尘世事物的自身之秩序所设定的目标，因此，人的高度和尊严就是，通过在其极为懒散的时刻在最高的意义中变成微观宇宙的方式，他就能够在自身中率先实现这一目标，因为宇宙最后的发展目标在他那里就变成了精神、感觉、享用。现在，哲学已经意识到这一点，哲学史的最远点就达到了，在此之后，哲学就只能是沉默。哲学第一次在自身中表达出这一原则，并已将这一原则认作世界的绝对原则，这就更使得哲学的任务最终得到辩护。"[1]

尽管劳动在马克思那里有一个核心意义，他的乌托邦并不在于颂扬劳动。时不时地，甚至有劳动的解放浮现在他眼前："自由的时间——不仅是清闲时光，还是更高等级的劳作活动时间——自然地就将它的占有者转变成另一种主体，作为这另一主体，然后他也进入直接的生产过程中。"[2]劳动不仅改变着世界，也改变着劳动着的主体，这是黑格尔的核心见解。劳动促使奴隶达到更高级的意识，这意识将其提升到动物生命之上。鉴于劳动的压倒性优势——马克思将其提高为人的本质[3]。然而，劳动的人是否能够真实地将

---

1 格奥尔格·西美尔：《懒惰形而上学》，出自《慕尼黑青年艺术与生活插图周刊》，第5发行年度，第20期，由 B.H. 出版发行。

2 卡尔·马克思：《政治经济学批判导言》，《马克思恩格斯全集》，第42卷，第599页。

3 他在《德意志意识形态》中这样写道："这些个体的第一个历史行动——他们由此而与那些动物区分开来——并不是他们思考，而是他们开始去生产他们的生活资料。"（卡尔·马克思：《马克思恩格斯全集》，第5卷，第568页）。

自身转变成为另一个"不同的主体"？这一主体是否能够拥有那一不会再是任何劳动时间的自由的时间？这都是很成问题的。

　　马克思式的主体由于其根源仍旧是一种劳动主体。即便是当它不劳动的时候，它也无法做出一种完全不同的活动。在劳动之外它顶多保留为一个消费者。劳动者和消费者是彼此同根相关的。他们消耗着时间。他们没有任何途径可以通向凝思的生命。阿伦特在这一点上也看到一种巨大的、不容忽视的矛盾，"马克思在他所有的思想阶段中都以此为出发点，把人定义为一种劳动动物，为了把这一劳动着的生物导向一个理想的社会秩序当中去，然而，在这秩序中，正就是他的最大的、最为人性的能力将会荒废掉"。[1]人们在此会反驳阿伦特，马克思在异化的压迫性劳动与自

1　汉娜·阿伦特：《积极生命》，第 123 页。

由劳动之间作了区分，要免除的劳动只会适用于那被异化了的劳动。但劳动之作为如此这般的劳动只允许对自身、对世界的一种完全受限的关系。由劳动而造就的主体，甚至在无劳动的时间，都无法获有对于世界的另外一种知觉。

作为唯一可能的劳动主体的活动的事物的生产与耗用，是与在事物那儿的凝思性逗留相对立的。现如今的社会正就是对此的一个明证。人完完全全地变成一个劳动主体，他完全没有能力获有那一自由的、不是任何劳动时间的时间。增长着的生产率虽然创造出越来越多的自由，但这自由既不被用于高等的活动也不用于清闲。相反地，它或者是用于从劳动中恢复的休养，或者是用于消费。劳动动物只认得间歇，但却不识得任何凝思性安息。主奴辩证法之作为自由辩证法只有到此之时方为整全的，即当它连劳动也超越之时，当它保持念想着他者的劳动之时。

3. 积极生命或者有关行动生命

从容不迫地……一种激情洋溢的、
悠缓的精神节调。

弗里德里希·尼采

　　汉娜·阿伦特的著作《积极生命》致力于一种复原，
一种对"行动生命"的活力的恢复，而这种生命按照
她的看法正越来越多地失去活力。她以成问题的方式
让希腊基督教传统中的凝思之优先权为"积极生命的
降退"负责。凝思生命的优先地位将积极生命的所有
形式削降到有用性的和急需性的劳动等级上："我反
对传统主要地在于此一点上：经由在流传下来的凝思

的等级中所授予的优先权，积极生命内在的划分与差别已被抹杀或者已不被重视了；在新时期中，传统的中断以及经由马克思和尼采造成的传统秩序的颠覆，并没有改变事物的这一状况。"[1] 面对积极生命的平面化，阿伦特认定必须陈示出那生命的各种不同的显现形式，在这里对坚定去作为的生命的强调统御着她的积极生命现象学。

相信凝思的优先权要为积极生命之降退为劳动负责，是一个错误。情况更多的是这样的，即人的行动正是由于丧失了任何一种凝思维度而降低为一种纯粹的活动和劳动。阿伦特错误地将凝思表现为一种运动和行动的停歇，表现为一种被动的安息，它让每一种积极生命形式显现为不得安息。做到凝思的是这些将死者，阿伦特这样写道："当他们停下所有的运动和

---

1 汉娜·阿伦特:《积极生命》，第27页。阿伦特显然忽略掉了一点，尼采也曾是一个凝思天才。

行动并完全走向安息之时。"[1]不动状态不仅涉及身体，还涉及精神："总有什么推动着身体和精神，言语和思想的这些外在运动如内在运动一样，必定在对真理的思量中安息下来。"[2]阿伦特没有认识到，凝思生命只是由此之故而表现为安息，即因为它安居于自身中。于自身中安居着的却不一定没有任何运动和行动。上帝也安居于自身中，但他是纯真的行动。于自身中在这里只意味着，不存在任何对外在事物的依赖，人是自由的。因而亚里士多德明确地将凝思生命标明为一种行动生命。作为凝视的思考也就是一种能（energeia），德文 energeia 的字面意思是"行动"或者"在工作"。在这一点上托马斯·阿奎那也追从亚里士多德的见解："外在的、身体上的运动与观视之安息相对立，后者被思考成免却外在劳务的。精神

---

1 汉娜·阿伦特：《积极生命》，第 26 页。

2 汉娜·阿伦特：《积极生命》，第 25 页。

行为的运动则从属于观视自身之安息。"[1]

阿伦特对积极生命的复原首先适用于作为。她在此使其负有英雄式的强调。作为被说成某种全新的开始。没有去作为的决心，人就委顿成劳动人类。出生不意味着被抛下，而是能够作为。阿伦特的作为之英雄气概甚至将自身抬高成救世主式的东西："'奇迹'就在于此，人类就这样诞生，和新发端一起，人类能够凭借她们的出生有所作为地实现这一新发端。……人在世界中有信赖，人对于世界可以有希望，没有什么地方能够比在这些话语中表达得更为简洁美好了——圣诞清唱剧以此宣布欢快的消息：'有一个孩童为我们降生了。'"[2]作为意味着——翻译成时间式的表达的就是——让时间重新开始。它的实质是革命。

1　托马斯·阿奎那：《神学大全》，第2集，第2章，第180页，第6节。

2　汉娜·阿伦特：《积极生命》，第317页。

革命"打断""那日常之事的自动流程"。[1]鉴于重复的自然时间，新发端是一种"奇迹"。作为是一种真正有人性的、"引发奇迹的能力"[2]。但阿伦特错误地认为，真实的新者仅只归结为一个坚定去行动的、英雄式的主体之决定。塑造世界和文化的事件极少能追溯到一个积极地作为着的主体之有意识的决定。确切地说，它们更多的是清闲、无压迫的游戏或者自由想象力的产物。[3]

阿伦特是借鉴那一历史过程构想出她的强调性的作为观念，在此段历史的进行之中，人降退为劳动动物。在现代——她的观点是这样的——人的生命接纳了一种集体式的生命过程形式，它不容有任何个体作为

1　汉娜·阿伦特:《积极生命》，第315页。

2　汉娜·阿伦特:《积极生命》，第316页。

3　尼采也是这样的看法，正是在作为着的人身上缺乏创造力(vis creativa)。他有一句箴言:"作为诗人，对于他(即那高等的人)来说，凝思之力和对其作品的回望必然被认作其独特的东西，但同时和首要的是在作为着的人那里丢失掉的创造力。其实，表面印象和通俗信念也会这么讲。"(弗里德里希·尼采:《快乐科学》考订全集版，第5部，第2卷，柏林，1973，第220页。)

的空间。对人类所要求的就只有一种自动的运行，"就像是个体的生活已经完全沉隐到生命进程的洪流当中，该进程控御着这一类属 [1]；就好像是这唯一积极的、个体性的决定就只还存在于此：放逐自己，放下他的个性……为了可以完全安心地，更好、更顺利地运转下去。" [2] 劳动将个人嵌入这一类属的生命过程中去，使他在个体性的作为和决定之外前行着。

面对着劳动动物的被动性，阿伦特呼唤作为。行动的生命与那"极端的、无创造力的被动性" [3] 相对立。在这种被动性中，一个在人的所有能力如此充满希望地被激发的新时代现在又面临着结束。在阿伦特那里这一点未被注意到，劳动动物的被动性并不是行动生命的任何对立面，他们其实是一体的。如此看来，

---

1 特指人类。

2 汉娜·阿伦特：《积极生命》，第410页。

3 汉娜·阿伦特：《积极生命》，第411页。

对行动生命的强调——阿伦特将此与作为联系起来——并没发挥出对劳动生命之被动性的反抗力，因为行动与类属的集体式生命过程很好地协调一致。在以"行动人类的主要缺点"为标题的箴言中尼采写道："在行动的人那里通常缺乏高等的行动——我是说那个体的行动。他们是作为公务员、商人、学者行动着，这意味着他们作为类行动着，但却不是作为完全确定了的个别和唯一的人；就这一方面而言，他们是懒惰的。……按照机械学的愚笨，行动的人像石头一样滚动着。"[1]

阿伦特虽然注意到现代生活越发偏离凝思生命，但她并没有就这一发展作出进一步的思考。她令凝思生命只为这一点负责，即积极生命的所有表现形式无区别地被平面化成简单的劳动。阿伦特没有认识到，

---

[1] 弗里德里希·尼采：《人性的，太人性的》，第1册，考订全集版，第4部，第2卷，柏林，1967，第235页。

现代生活的匆忙与不得安息更多地关联着凝思能力的丧失。积极生命之整体化也牵连着"经验收缩"，该经验收缩也是阿伦特自己所不满的。单纯的活动造成经验之贫乏。它使相同的事物继续下去。不能中断的人，没任何办法获取完全的它异。诸经验变换着。它们中断相同者的重复。人变得积极主动，但人并不因此而变得更加对经验开放。相反，一种特别的被动性是必要的。作为着的主体之活跃性所脱离的东西，人必须让自己受此之关涉："对什么有经验，无论是对一个物、一个人、一个神，都意味着，我们有所遭遇，我们有所触动，有什么侵袭我们，有什么颠覆并改变着我们。"[1]

　　阿伦特的对于时间的关系一贯地处在统御的标识之下。宽容作为一种予以强调的作为是一种"权力"，

1　马丁·海德格尔：《通向语言之途》，法兰克福，美因河畔，1983年，第159页。下文此书出处均同此处。

该权力就在于让时间重新开始。宽容使得作为主体从过去、从时间上的负荷中解脱出来，该负荷是主体永远想要确定下来的[1]。面对不可预见性，允诺支撑起未来，而以此使得未来成为可预见的，并且是可支配的。借助于宽容和允诺，作为主体使时间就范于自身。作为的权力特质使此点与积极生命的另外一些形式深刻地结合起来，也就是制造和劳动。对"干涉"[2]的强调也不止存在于作为之中，还存在于制造和劳动当中。

存在不在行动那里完全开显。即使作为也必定在自身中包含着停止的要素，它以此而不会僵化成单纯的劳动。在作为呼吸转换之间是一种止息。作为着的主体在停止行动之中、在踌躇的时机中意识到无穷的空间，这种空间就置于作为决心面前。作为的完全偶然性在作为主体的行动之前，并于那踌躇着退缩的时

---

1 汉娜·阿伦特：《积极生命》，第303页。

2 汉娜·阿伦特：《积极生命》，第315页。

机之中凸显自己。不懂得踌躇地去作为的决心是盲目的。它既看不到它自身的阴影，也看不到它自身之它异者。踌躇虽然不是什么积极的行动作为，但它对于作为本身而言是决定性的。不是在行动状态上，而是那停止的能力将作为与劳动区分开来。无法踌躇的人，是一个劳动者。

在《积极生命》一书的结尾部分，阿伦特出乎意料地呼唤思想。阿伦特认为，思想可能在那新时代的发展中至少已有所亏损，这发展要为"劳动动物的胜利"负责。世界的未来虽然不会是依赖于思想，而是依赖于"作为着的人类之权力"。但思想总还是并非与人的未来不相关的，因为它在积极生命的行动状态下是"最为积极活跃的"行动，在这一行动中，"行动的经验最为纯粹地表现出来"。它"在最为纯粹的行动上"超越了所有的行动状态。但阿伦特让这一点完全处于晦暗不明之中，即为什么正是在思想中行动

的经验最为纯粹地得以表现。在何种程度上思想比最
为积极的作为更为活跃？思想不正是由于如下原由而
是所有行动状态中最为活跃的，即因为那行动跨越所
有的高度和深度，因为那行动只是敢于外出，因为那
行动作为凝思在自身中聚合了最为宽广的场域和时
域，也就是说，因为它是凝思着的？

思想作为凝视是一种凝思行动。它是一种凝思生
命的现象、形式。阿伦特自相矛盾地将其提升为一种
行动状态，这行动状态在最为纯粹的行动上超越了积
极生命的其他诸行动状态。对于亚里士多德而言，思
考着的行动状态乃因此是一种神性的行动状态，即因
为它将自身免于任一作为，也就是说它是凝思性的：
"对于诸神，我们认为，它们是最为幸福极乐的存在
者。但人们应当将什么样的一些作为赋予它们呢？
或某种公正的作为？……或者有胆魄的作为，在此中
它们在令人惧怕的东西面前必得是坚持下来并通过危

险，因为做这样的事道德上是美好的？……但如果人们把那些依据于伦理上的美德和明智的作为从有生命者那里去掉……那么除了思想还有什么保留下来？因此神的行动状态——它在永恒的幸福上超越一切——必须是这一思想着的行动状态。"[1]

　　阿伦特用加图的一句名言结束她的书，西塞罗在《论共和国》中引证了这句话："人绝不可能比看起来什么也不做更积极，人绝不可能比在孤寂状态中仅与自身在一起更孤独。"[2]这一名言其实也适用于《凝思生命》。阿伦特由此出发赞扬了积极生命。显然被她忽略的是，那一"孤寂状态"也适用于凝思生命，它与那共同的作为，"作为着的人类之权力"是正相反地被对峙起来的。在那一被引用的地方，西塞罗明

1　亚里士多德：《尼各马可伦理学》，第1178b页。

2　汉娜·阿伦特：《积极生命》，第415页。马尔库斯·图留斯·西塞罗：《论共和国》，第1章，第17节，译自W.Sontheimer。

确地要求他的读者做到这一点，远离"广场"和"熙攘的人群"，退回到一种凝思生命的孤寂状态中。因而他在引用加图之后，紧接着就特别赞扬了凝思生命。不是积极的，而是凝思的生命——它献身于那永恒的和神性的东西——才使人得以成为他要去是的那样："当人蔑视一切属人的事物之时，并将其看作远低于明智的，当在他的思想中，除了那永恒的和神性的东西之外，从不专注研究其他事物的时候，那么，还有什么样的军事领导地位、公职、国君之位的价值能够被如此高估呢？这样一个人负有这一种认知：所有别的人虽然持有人类这一名号，但真正的人类只是这样的人，他们根据对于他们而言是作为人类而本有的能力，将自身发展成了一种更为精细的形式。"在《积极生命》结尾处，阿伦特违反本意地谈到凝思生命这个词。直到最终，正是凝思能力的丧失导致人降退为劳动动物，这一点对于她而言都是被遮蔽着的。

4. 凝思生命或关于那沉思生命

你们所有人，野蛮的劳动受你们欢迎，

快的、新的、陌生的，

你们对自身糟糕地忍耐着，

你们的勤劳是逃避和忘却自身的意愿。

若是你们更多地相信生命的话，

你们会很少将你们自身抛向眼下瞬间。

但你们在你们自身中没有足够的内容用于等待

——甚至不够用于懒惰！

弗里德里希·尼采

　　阿伦特在《积极生命》一书中写到，思想已成为少数人的特权。但正因为如此，这些少数人在今日也并未变得更少些。[1]但这一观点并不是完全精当的。或许这是现如今的一个特别的标识，即本来就只是少

---

[1]　汉娜·阿伦特：《积极生命》，第414页。

数的思想者变得更少了。也许思想从此中受到亏损，即为着积极生命之利，凝思生命已愈发被排斥到边缘去了，现今的亢奋性的不安、忙碌和无止息不适合于思想，思想由于增长着的时间压迫就只有复制生产着那同样的东西。尼采已经对此表示过不满，他的时代思想巨擘是贫乏的。他正是将这一贫乏归结为对凝思生命的一种放弃和一种时不时的贬低，归结为这一状况："劳动和勤劳——通常是在伟大的健康女神的伴随下——有时就像一种疾病一样搞起破坏来。"[1]由于缺乏时间去思考，在思想上没有安息，不一致的观点就被避免开来。人们开始憎恶不一致的观点。普遍的不得安息，不允许思想去深化自身、走出自身，努力达至某种真实的它者。并非是思想支配时间，而是时间支配思想。思想由此变成为临时性的和瞬间的。它不

---

1 弗里德里希·尼采：《人性的，太人性的》，第一卷，第234页。

再与持续着的东西相连。但尼采相信，"沉思之天才的一种强势"[1]的回归会让这一不满消声。

在被强调意义上的思想不会让自身被任意加速。在这一点上它将自身与算计或者单纯的理解行为区分开来。思想经常被华丽辞藻所修饰。因而康德将敏锐和微妙沉想称作"头脑的一种奢侈品"[2]。理解行为只认得需求和必需性，却不认得什么奢侈，奢侈表现为对那必需的东西、直接之物的一种背离。思想自身超越于算计之上，它拥有一种特殊的时间性和空间性。它并非是以线性的方式进行着。思想因此是自由的，因为它的处所和它的时间是不可计算的。它常常以不连续的方式进行着。相反，算计则依循着一种线性轨道，于是它就可以让自身被准确地定位，并在原则上

1　弗里德里希·尼采：《人性的，太人性的》，第一卷，第235页。

2　伊曼努尔·康德：《实践人类学》（10卷本著作集），由 W.Weischedel 编辑出版，达姆斯特丹，1983，第10卷，第512页。

可让自身被任意加速。算计也不回环寻视。一种绕行
或者一种回退没有任何意义。它们只会延宕运算步骤，
运算步骤是一种单纯的劳作步骤。现如今思想自身适
应着劳动，劳动动物却无能力思想。对于在所强调的
意义上的思想而言，因此是对于沉思着的思想而言，
某种不是任何劳作的东西是必要的。沉思（古高地德
语即 sinnan）原初意味着漫游。它的探险图 [1] 是不可
测度的或者是非连续的。算计着的思想不是在路上的。

　　没有安息，人无法看到安息着的东西。积极生命
的绝对化将一切不是行动、不是积极性的东西从生活
中排除掉。普遍的时间压迫消除掉那绕行着的和那间
接的东西。世界由此在形态上变得贫乏。每一形态，
每一形象都是一种绕行。只有那光秃秃的无定形是直
接的。如果人们拿去语言中那种间接的东西，那么语

1　原文 Ztinerar，拉丁语，意指在尚未测量过的地区进行探险时使用的路线图。

言就接近于一种叫喊或者命令。愉快和礼貌也是在那绕行着的和不直接的东西处安居。与之相反，暴力则着眼于直接。如果行走缺乏踌躇和停顿，那么它就僵化成踏步前进。在时间压迫之下，还有那矛盾纠结的、难解难分的、隐晦不显的、无法判别的、飘忽不定的以及复杂或疑难的东西，都在一种生硬的明确性那里消退。尼采写到，劳作的匆忙也让"用于运动的曲调的眼睛和耳朵"消失掉。曲调本身是一种绕行。只有那单声调是直接的。曲调是思想的典型特征。缺乏任何绕行的思想贫乏化成算计。

积极生命在本质上导致了现代的加速压力，自新时代以来，积极生命强度增大，而变成凝思生命的不利情形。人降退为劳动动物也可被解释作这一新时代发展的后果。对劳动和作为的强调都以新时期积极生命的优先权为依据。阿伦特将劳动解释为一种对类属生命过程的被动参与，以此方式她则很不合理地将劳

动与作为鲜明地划分开来。但是，阿伦特的作为概念
不具有任何神奇的力量，它并不能够打破将人降低为
劳动动物的劳动魔咒，这是因为作为这一概念源自积
极生命的那一优先权，劳动的绝对化也归根于此。去
作为和去劳动的决心像多次强调的那样有着同一个系
谱学上的根源。只有一种凝思生命的复活将有可能使
人从劳动压迫那里解放出来。劳动动物进一步地与理
性动物是同根近缘的。单纯的理解行动也就是一种劳
动。人却恰是因此之故而不只是一种动物，即因为他
据有一种凝思的能力，这能力使他得以与那持续着的
东西相连，但后者并非是什么类属。

　　有趣的是，海德格尔很少将注意力投向凝思生命。
凝思生命对于他而言只意味着与积极生命（作为世俗
的行动的生活）处在对立地位的静思的修道院式生活。
海德格尔将凝思简化成它的理性要素，因此就是简化

成划分性的、分析式的看。[1]然后，他将凝思生命与思量关联起来。[2]他从追求，从处理或操作那里把握凝思生命。追求某种东西就是——海德格尔这样认为——"向着某物加工自己，跟踪它，追逐它，从而确定它。"作为思量的凝思按此而言是对现实的东西的"追逐着的和确定着的加工"，是"对现实东西的一种极具干涉性的加工"。[3]凝思因此就是一种劳动。尽管海德格尔与神秘学主义相近，但他并不接受凝思的神秘维度。在神秘的维度里，凝思作为在充满爱意的倾听之中在神那里的逗留，它并不据有海德格尔赋予它的划分和确定的意向性。在神秘的合一之中，区分和割据完全被废除掉。

依照托马斯·阿奎那的看法，凝思生命表现为一

1　马丁·海德格尔：《文章与讲演集》，第48页。

2　海德格尔像通常那样以一种语言 - 词源学上的指示做出这一论证性的过渡："contemplatio（凝思）的德语翻译写作：Betrachtung（思量）。"（马丁·海德格尔：《文章与讲演集》）

3　马丁·海德格尔：《文章与讲演集》，第49页。

种使得人更为完满的生命形式："在凝思生命中，求取对真理的凝思在此就是完善人。"[1] 当生命丧失任何凝思环节时，它就贫化为劳动，贫化为一种直白的活计。凝思式的逗留中断了那一时间——这时间是劳动："劳动和活计在素朴直接的意义上是同一个事情。"[2] 凝思生命提升了时间本身。相对于阿伦特的论断，在基督教传统中没有片面地高抬凝思生命的价值。正如在迈斯特·埃克哈特那里一样更多的是争取达到对于积极生命和凝思生命的一种调和。格里高也写道："人们必须知道，当一种好的生命规划要求一个人由行动生命过渡到静思生命之时，那么这通常是很有利的，精神以此方式由静思生命返回到行动生命，即在心中被点燃起的火焰将其全部的完满性赠送给行

---

1 托马斯·阿奎那:《神学大全》，第 2 集，第 2 卷，第 180 个问题，第 4 异议。

2 迈斯特·埃克哈特:《德语和拉丁语著作集》，由 Josef Quint 编辑出版，第 3 卷，德语著作集，斯图加特，1976，第 485 页。

动的观视。这样行动生命必定将我们带向观视，而这观视却以我们内在地所视察到的，并将我们召回到行动上去的东西为出发点。"[1] 无作为的凝思生命是盲目的。无凝思的积极生命是空洞的。

海德格尔的晚期哲学甚至为一种凝思式的调子所统御。《田间路》就像是一种凝思生命。在田间路上，人不去往那里，而是逗留起来凝思。海德格尔并非偶然地提及迈斯特·埃克哈特："所有生长起来的事物之敞阔施予着世界，事物逗留于田间路。在其语言未得言明之处，正如年老的阅读和生存大师埃克哈特所说的，上帝才是上帝。"[2] 他谈及那"年老的阅读和生存大师"，以此方式他指示出调和积极生命和凝思生命的必要性。海德格尔使沉想或者沉思式的思考成为作为劳动的、算计着的思考之对立用语。在《科学

1　引自 Alois M. Haas:《在劳动、清闲、沉思中评价 14 世纪的多米尼克式神秘主义中的凝思生命和积极生命》，由 B.Vickers 编辑出版，苏黎世，1985，第 109~131 页。这里是第 113 页。

2　马丁·海德格尔:《哲学：思的经验》，第 89 页。

与沉想》中，他写道："沉想之贫乏却允诺出一种财富，它的宝藏在那无用者的光辉中发出光亮，它从未让自身被结算掉。"[1]当思想在劳动中停止下来之时，沉想便开始。在停止的时候，思想才穿越过那一位于"图形"[2]之前的区域。[3]只有沉想能通达那不是图形、不是表象的东西，而它给出[4]沉想的显现。在其对待那可成疑问者的泰然自若中，沉想让自己置身于脱离开快速把捉的缓慢与悠长当中。沉想使目光超越出那适合于劳动的现成在手者和上手者，它以此拓展着目光。在手于把捉当中停止下来的地方，在手踌躇不前

---

1 马丁·海德格尔：《文章与讲演集》，第64、65页。

2 "'构形'一词曾经指的是：树立起示范（Vor-bild）并确立起规定（Vor-schrift）。然后这意味着使预先给定的东西结构成形。构形将一个示范给人示现出来，人依此形成他的行动和不行动。……沉想与之相反，首先就将我们带到通向我们停居场域的道路上。"（马丁·海德格尔：《文章与讲演集》，第64页。）

3 请参阅：马丁·海德格尔《文章与讲演集》，第63页："经由以如此方式而被理解的沉想我们特意达到这一地方，即我们还未得去经验和看明就长久以来地停居下来。在这一沉想中我们走向一种场域，由此出发空间才将自身打开，后者跨越每一个行动和成就。"

4 德文不及物动词"stattgeben"原意即为给予、满足、准予。海德格尔在此着重凸显"statt"这一前缀的意义影响力，它的意思是某某的居养式处所、位置，"stattgeben"在此意义上即为从原位上站出施与，自我允同自身的生发式展现，生存境遇式世界也由此而敞开。

的地方，一种场域就进入手中。海德格尔如此谈及一种"停留着的手——在此中一种触动得以汇成——触动无限远离于每一种摸碰"[1]。在踌躇之中，一种无可测度的空间才向手展露开来。踌躇着的手"为一种在远方乃至还要更远的、呼唤着的召唤传承起来，因为它是自那止息之中被传送过来的"[2]。只是在一种踌躇着的中止之回退当中，"止息"才是可听闻的，而它在那线性的工作过程之进展中将自身锁闭起来。只有这"回退"才宣明自在之行，海德格尔一再地谈及凝思式止住："停留意思是说，续存着，保持安静，自持以及中止，也就是说安息。歌德在一句美妙的诗文中说道：'小提琴顿住，这舞者留步。'"[3]在这舞者于运动之中中止的时候，他意识到整个场域。这

1　马丁·海德格尔：《通向语言之途》，第104页。

2　请参阅马丁·海德格尔：《荷尔德林的赞美诗〈纪念〉》，法兰克福，美因河畔，1983年，第171页："羞怯不前的踌躇是等待着的坚定去忍耐之心；踌躇是长时间被决断下来的、对于那缓慢者的长久勇气，踌躇是久耐之心（Langmut）。"

3　马丁·海德格尔：《根据律》，法兰克福，美因河畔，1983年，第186页。

一蹒跚着的停留是为着一支全然相异的舞蹈之开启的前提。

那一"停留着的手"是呵护着的，它放弃暴力式的把捉。"呵护"一词可追溯至中高地德语的表达schône，schône还有"亲和的、友好的"的意思。凝思性的逗留是一种亲和性的操示。它让事情得以发生、自成并且默许赞可，而非插手介入。行动的生命缺乏任何一种凝思维度，它无法做到呵护的亲和性。行动的生命把自身表现为被加速了的制造和破坏。它耗损着时间。在继续处在劳动压迫之下的空闲时间里，人没有什么其他的对于时间的关系。事物被破坏着并且时间被消磨掉。凝思性的逗留给予着时间。它敞开存在，存在不只是行动。当生命重获这凝思的能力时，它便获取到时间和空间，获取到持续和敞阔。

如若每一悠闲要素都被驱逐出生命，那么它将终结于一种致命的亢奋性活动（超级积极性）。然后，人窒息于自身的行动中。凝思生命的复活是必要的，因为它打开呼吸场域。或许精神自身要将其形成归结为时间的盈余、一种清闲，呼吸的一种悠长之态。灵气的重释将会是可能的——它不仅意指呼吸，还意指精神。丢落呼吸的人，是没有精神的。清闲的平民化必须接上劳动的平民化，这样平民化就不会翻转成对所有人的奴役。尼采也如此写道："由于匮乏安息，我们的文明终结在一种新的野蛮之中。行动着的，就是说那些不停息者，已经不再适合任何时代。因此，要在大众中增强悠闲的要素，这从属于那样一些必要的校正——人们必须在人性特征上来施行这些校正。"[1]

1　弗里德里希·尼采:《人性的，太人性的》，第1卷，第236页。

图书在版编目（CIP）数据

时间的味道 /（德）韩炳哲（Byung-Chul Han）著；
包向飞，徐基太译. -- 重庆：重庆大学出版社，
2017.11（2022.11重印）
（哲学与生活丛书）
书名原文：Duft der Zeit：Ein philosophischer
Essay zur Kunst des Verweilens
ISBN 978-7-5689-0847-4

Ⅰ.①时… Ⅱ.①韩… ②包… ③徐… Ⅲ.①哲学—
通俗读物 Ⅳ.①B-49

中国版本图书馆CIP数据核字（2017）第257230号

时间的味道

shi jian de weidao

[德] 韩炳哲　著

包向飞　徐基太　译

责任编辑：温亚男　　装帧设计：袁兴龙
责任校对：刘志刚　　责任印制：赵　晟

*

重庆大学出版社出版发行

出版人：饶帮华

社址：重庆市沙坪坝区大学城西路21号

邮编：401331

电话：（023）88617190　88617185（中小学）

传真：（023）88617186　88617166

网址：http://www.cqup.com.cn

邮箱：fxk@cqup.com.cn（营销中心）

全国新华书店经销

重庆俊蒲印务有限公司印刷

*

开本：890mm×1240mm　1/32　印张：7.5　字数：88千
2018年1月第1版　2022年11月第5次印刷
ISBN 978-7-5689-0847-4　定价：39.00元

Originally published in German in 2009. Copyright of the first edition: transcript Verlag, Bielefeld, Germany.

The simplified Chinese translation rights arranged through Rightol Media.

版贸核渝字 〔2015〕第 148 号